AF463721

LE REDRESSEUR.

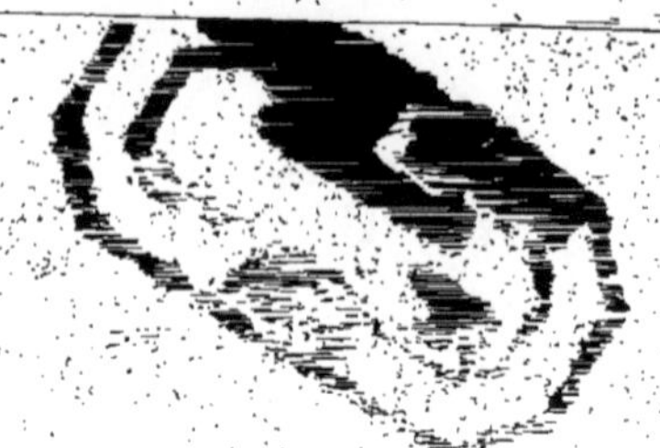

Nancy, imprimerie de vᵉ Raybois, rue du faub. Stanislas, 3.

LE REDRESSEUR,

RECTIFICATION RAISONNÉE

DES

PRINCIPALES FAUTES DE FRANÇAIS,

LOCUTIONS VICIEUSES OU IMPROPRES, ETC.,

QU'ON EST ENCORE EXPOSÉ A ENTENDRE, MÊME EN BON LIEU, OU A LIRE, DANS LES ÉCRITS D'HOMMES QUI POURTANT ONT FAIT LEURS CLASSES;

PAR P. G. DE DUMAST,

Correspondant de l'Institut de France,

OFFICIER DE L'INSTRUCTION PUBLIQUE.

Pour ces restes d'erreurs, que maint savant partage,
Plus de grâce..! Il est bon de s'instruire à tout âge.

PARIS.

Auguste DURAND, libraire-éditeur,

RUE DES GRÈS, 7.

1866.

UN MOT DE PRÉFACE.

Les langues, une fois fixées, ont-elles force de loi ? Leurs codes méritent-ils respect, et doivent-ils faire autorité ?

Il semble que la réponse aille sans dire, et qu'à se donner la peine de prouver que *oui*, il y ait sollicitude superflue, ridicule même ; il y ait *truisme*, comme parlent les Anglais (1).

Eh bien, on se tromperait : l'adhésion n'est pas telle. Sous nos yeux s'est élevée une École qui, tirant de certains faits réels, des conséquences exagérées, a prétendu que les idiômes n'ont véritablement rien de fixe, et que, puisqu'ils subissent de perpétuelles va-

(1) *Truisme :* vérité trop évidente ; vérité à la façon de celles de M. de La Palisse.

riations, s'astreindre à observer leurs règles est une duperie. Suivant ce système, les grammaires n'ont droit à l'obéissance que des écoliers; elles sont placées sous le commandement des auteurs; et tout écrivain, tant soit peu vigoureux, peut, sans scrupule, introduire dans les langues les changements que bon lui semble.

Or, la thèse, il ne faut pas le nier, présente quelque chose de spécieux; aussi importe-t-il d'en mettre à nu le caractère sophistique.

Les idiômes, déclarons-le d'abord, ont effectivement une *vie ;* conséquemment ils parcourent des phases. Ils ne sauraient, cela est certain, jouir de cette immobilité absolue qui n'est le partage que de la mort.

Mais autre chose est leur développement régulier, conforme aux lois de leur nature, — et autre chose sont des altérations maladives. Celles-ci, on peut les comparer soit à des fractures, à des déviations, à des ulcères, — soit à des dépérissements, à des nécroses, — soit au contraire à des enflures hydropiques, à des excroissances monstrueuses.

Avant l'époque de décadence absolue qui précède et annonce leur fin, les idiômes, à moins que ne survienne chez eux une cause morbide, NE DOIVENT JAMAIS S'ALTÉRER. Ou du moins, s'ils subissent d'une façon régulière, quelques modifications notables, c'est uniquement à leur début; à l'époque où leurs formes, d'abord un peu vagues, vont se précisant et s'affermissant, et où leur grammaire devient de plus en plus certaine. Passé cet âge, c'est-à-dire une fois que leur enfance et leur adolescence sont terminées, ils cessent presque entièrement de varier, — au moins sous la plume des bons écrivains. — Ils ont alors atteint une fixité relative; permanence dont la durée est assez longue, car elle embrasse plusieurs époques : leur jeunesse, leur virilité, leur âge mûr, et même la première moitié de leur vieillesse. Pendant tout ce temps, l'individualité de la langue se conserve pleine et entière; et quant au faible changement qui s'y opère, il est non seulement lent et normal, imperceptible d'un jour à l'autre, mais surtout il ne touche à rien de constitutif, il ne va jamais jusqu'à l'incorrection. Quand les choses tournent différemment, c'est que des circonstances fâcheuses (crises politiques trop longues, invasions étrangères, etc.) ont amené chez l'idiôme une maladie; ou bien c'est qu'il donne déjà des marques de décomposition sénile.

Prenons pour exemple une des langues dont les états successifs nous sont le mieux connus : la langue hellénique.

Après un premier âge, où ses règles étaient encore un peu flottantes (ainsi qu'on le voit par les vers d'Homère et d'Hésiode), elle se présente dans Hérodote comme déjà sortie de l'adolescence ; elle arrive sous Sophocle et Xénophon à la plénitude de sa beauté. Or, à partir de là, malgré des événements énormes, malgré d'immenses vicissitudes de fait et de pensée, on peut dire que pendant huit siècles, elle ne change véritablement pas. Quelles immenses mutations, pourtant, chez le peuple civilisé qui la parlait ! Le système républicain fait place aux diverses royautés des successeurs d'Alexandre, puis à la monarchie romaine ; la société tombe en dissolution sous les douze Césars, se remet et s'épure un peu sous les Antonins, redescend avec Héliogabale ou Caracalla, puis se relève plus complètement par le triomphe de l'idée chrétienne ; — en somme, les institutions, les mœurs, tout devient autre. Eh bien, si quelque différence d'allure s'introduit dans le style, et s'il devient nécessaire, pour répondre à des besoins survenus, de créer quelques nouveaux termes, ou d'ajouter à des termes anciens certaines acceptions de plus, voilà tout. L'*évolution* glossale ne devient point une *révolution;* pas une règle de grammaire n'est violée; et sur la fin du quatrième siècle de notre ère, la Grèce classique écrit encore dans le même idiôme qu'au commencement du quatrième siècle avant Jésus-Christ. C'est si vrai, que Gail ou Burnouf, voulant faire faire des thèmes à leurs élèves, ont pu leur proposer des exemples de syntaxe pris indifféremment dans Platon ou dans Saint Basile, dans Eschyle ou dans Saint Grégoire de Nazianze.

Mais ensuite, cela continue-t-il? — Non pas. Que de l'an 400 de J.-C. on passe à l'an 700 : le style s'altère, et l'on commence à voir apparaître des choses qui font pressentir la décomposition de l'hellénique et sa tendance vers le grec moderne. C'est que les crises maladives sont arrivées; c'est que les infirmités de la vieillesse sont venues à se faire sentir; c'est qu'on a passé, des changements doux et légers qu'amène le simple cours de la vie, à ces changements considérables, fâcheux, inquiétants, que produit un état morbide.

La même série de phénomènes a eu lieu chez les Latins, quoique la durée en ait été moins longue. Là, la corruption s'est manifestée plus vite ; mais enfin, pendant quatre cents ans au moins, la langue correcte est restée dominante et reconnue. Ne l'altérait que qui voulait l'altérer ; — les gens de goût demeuraient maîtres d'en suivre les règles. — Lactance, par exemple, et Sulpice Sévère, tout rénovateurs, tout chrétiens qu'ils étaient, n'éprouvaient encore aucun besoin, pour rendre leurs idées, d'estropier l'idiôme classique de Catulle et de Cicéron ; ils l'écrivaient grammaticalement, dans sa primitive pureté, — et l'expression de leur pensée ne s'en trouvait pas plus mal. — C'est l'invasion réitérée des Barbares, c'est leur domination prolongée, qui a définitivement ruiné le latin, — dont au reste la santé, moins vigoureuse que celle du grec, n'a pas si longtemps résisté aux causes de mort, puisqu'il s'est transformé plus promptement en italien que l'hellénique en romaïque.

Chez nous, pareille marche, quoique plus rapide encore. Une fois que la langue française a eu obtenu, de Malherbe, de Pascal et de Corneille, ses lettres-patentes, et qu'elle a commencé à prendre son cours régulier, — elle n'a, d'aucune façon, consenti à s'égarer, même sous prétexte de s'enrichir. Cette *fière dame,* à laquelle il faut être si habile pour

« faire accepter une aumône », ne s'est pas à plus forte raison, détournée de la droite route pour aller chercher des avantages douteux. Elle a bien pu, selon les époques, se montrer sous des teintes différentes ; donner à sa physionomie des aspects variés ; — mais au fond, pendant près de deux cents ans, chez tous nos bons auteurs, y compris les derniers (Ducis, Bernardin de Saint-Pierre, les Chénier, Casimir Delavigne), elle est restée la même, c'est-à-dire *irréprochable au point de vue du Rudiment*. Qu'il y eût en France, comme il y en a et y en aura constamment partout, de mauvais écrivains..., ceci ne faisait rien à la chose. Ils imprimaient des platitudes : ils ne commettaient pas de solécismes.

Les premières fautes de langage qui aient apparu comme menaçantes, se sont montrées au début du second quart de notre siècle. Vers 1825 on en aperçoit une petite avant-garde ; — de 1830 à 1832, elles gagnent du terrein, et la présence du mal ne peut plus être niée. On dirait que son invasion coïncide avec l'introduction du choléra en Europe, — ou du moins que celui-ci la présage, et que l'une des deux épidémies serve de symbole à l'autre.

Depuis lors, il a été fait quelques efforts, mais insuffisants et mal dirigés, pour repousser le fléau pestilentiel qui s'attaque à la langue française; fléau qui, si l'on ne s'en occupe tout de bon, la rendra bientôt méconnaissable. Il ne faudra pas LONGTEMPS pour qu'elle se décompose, se transforme, et soit remplacée par un jargon, — en attendant des métamorphoses ultérieures.

Qu'y a-t-il à faire?

Publier et répandre des *Cacologies?* — Soit! mais c'est un pauvre remède, parce que les *Cacologies*, renfermant trop de choses diverses, ne sauraient attirer assez, sur les points décisifs, l'attention des lecteurs. Elles mentionnent une foule de fautes trop grossières, que l'on n'a peut-être jamais beaucoup faites, — qu'en tout cas on ne fait à peu près plus, — ou qui du moins, si elles ont gardé quelque vogue, ne la conservent que chez des gens de très-bas étage. De tels livres passent donc, avec raison, pour des ouvrages un peu enfantins. Le public sérieux et viril n'en prend d'ordinaire aucun souci.

Ce qu'il y aurait de tout autrement efficace, ce serait un petit recueil, choisi et raisonné, des erreurs de langage soit récentes et à la mode, soit qui, bien que déjà anciennes, n'ont pas jusqu'à présent disparu, même en hauts lieux, et que l'on voit certaines personnes bien élevées commettre quelquefois encore. Un recueil, d'ailleurs, où les locutions interdites ne fussent pas seulement énoncées, mais commentées, et où l'on prît la peine d'expliquer les causes de leur prohibition ; de manière que le motif de la défense se gravât dans l'esprit avec la défense elle-même.

Tel est le besoin qui se fait sentir. Nous cherchons à y subvenir par le présent essai.

Tant mieux s'il fait naître l'envie d'en composer d'autres, et si l'impulsion, ainsi donnée, fait que d'ici à peu d'années il soit dépassé par des livres analogues plus satisfaisants.

LE REDRESSEUR.

I.

RÉGIMES VICIEUX.

Pardonner *quelqu'un ;*
Se rappeler *de* quelque chose;
J'aime *faire*, j'aime *voir ;*
Préférer une chose *qu'* une autre.

PARDONNER QUELQU'UN.

Parmi les solécismes d'à présent, voici l'un des plus grossiers. « Cette famille de butors m'a dix fois offensé, mais *je la pardonne.* »

« Pardonner *quelqu'un* », au lieu de « pardonner *à* quelqu'un! » Il y a là non-seulement infraction du bon usage grammatical, mais violation des règles du sens commun. Car le verbe *pardonner*, étant du nombre des composés de *donner*, dont il exprime l'une des nuances, ne peut manquer de participer à la nature de son verbe simple; par conséquent, tout comme celui-ci, il ne saurait avoir pour régime direct que des choses, jamais des personnes.

Qu'est-ce en effet que pardonner une faute à un coupable? Qu'est-ce que *perdonare* (ou *condonare*) *culpam reo* (1)?

C'est lui en faire remise, ou en quelque sorte, cadeau.

---

(1) *Perdonare*, pour *condonare*, appartient à la basse latinité. Quant à l'emploi de *donare* (gratifier) dans le sens de *dare* (donner), cette déviation, sans être cicéronienne, remonte pourtant assez haut; car on rencontre dès le siècle d'Auguste *donarem pateras* (pour *darem pateras*). Il est vrai que c'est dans Horace, le plus néologiste de tous les classiques.

Et chacun peut aisément sentir la justesse d'une telle expression, puisque s'être rendu coupable, c'est à l'instant s'être rendu débiteur, — toute faute commise portant avec elle l'obligation de payer une peine (1).

Lorsque l'on dit « je te pardonne, je vous pardonne », ces pronoms *te* et *vous*, — malheureusement amphibologiques en français, — sont ici des datifs, non point des accusatifs. La preuve en est qu'à la troisième personne il faut dire « je *lui* pardonne, je *leur* pardonne ».

Au reste, les deux régimes à la fois, — c'est à savoir, le direct ou la *chose*, et l'indirect ou la *personne*, — sont rendus bien visibles par leur rapprochement, dans des phrases comme celle-ci :

« Ses torts ont beau être grands, nous *les lui* pardonnons » ;

« Une telle erreur, je *la leur* pardonnerai volontiers ».

---

(1) *Et dimitte nobis debita nostra*, dit le *Pater*. « Et pardonnez-nous nos péchés; » mot à mot : « Et remettez-nous nos dettes ».

SE RAPPELER *DE* QUELQUE CHOSE.

« Se rappeler *de* quelque chose. Je *m'en* rappelle ».

Parce qu'un génitif est nécessaire après « se souvenir », les gens du commun se sont imaginé que l'on pouvait aussi bien en mettre un à la suite de *se rappeler*, et qu'on était maître de dire : « Vous rappelez-vous *de* cela? Moi, je *m'en* rappelle ».

D'abord, l'usage constant des personnes bien élevées interdit ce langage; mais, en outre, la prohibition n'est pas ici affaire de simple fantaisie.

Celui qui voit une personne s'éloigner, LA RAPPELLE à lui; *ad se eam revocat.* Or, par métaphore, la langue française suppose qu'il en est de même des choses qui vont disparaître. Un objet commençait à m'échapper : je le rappelle à moi, je ME LE rappelle; *istud mihi* (ou plutôt *ad me*) *revoco.* Et, rappelé par moi, il me revient à l'esprit; *mihi redit in mentem.*

Aussi ne faut-il pas croire que se *souvenir* et se *rappeler* soient tout à fait synonymes. L'un de ces verbes peut s'employer surtout quand l'image ne s'est point encore effacée; l'autre quand elle s'oblitérait déjà, mais qu'elle reparaît et se ravive. Le premier indique de préférence le phénomène de la mémoire (*meminisse*); le second n'exprime guère que celui de la « remembrance », c'est-à-dire du retour de la mémoire (*recordari*).

Cependant la barrière n'est pas absolue; on fait quelquefois abstraction de cette nuance (1).

Il y a même des circonstances où besoin est de n'en pas tenir compte, et d'employer pour tous les cas le verbe *se rappeler*, qui se trouve être resté le seul possible.

C'est dans les phrases où un génitif secondaire amène la nécessité de la particule *en;* car, avec le verbe *se souvenir*, — qui, par lui-même, la réclame déjà, — on serait privé de cette ressource, ne pouvant pas placer un tel monosyllabe deux fois de suite.

Y aurait-il moyen de dire par exemple :

« Mon grand-père ayant vécu à la cour de Louis XV, il *s'en en* souvient très-bien les costumes ».

Evidemment non; tandis qu'avec *rappeler*, la phrase devient facile. « Il *s'en rappelle* très-bien les costumes »; c'est-à-dire, il se rappelle très-bien les costumes *de* la Cour dont nous venons de faire mention. Ici ce n'est point par le verbe que la particule *en* est réclamée; elle ne s'y rapporte point. Elle s'applique au nom (Cour), et n'est là que pour en indiquer le génitif.

Mais le jeune homme qui, parlant à son frère d'une lettre jadis écrite par leur oncle, lui dirait « tu t'en rap-

---

(1) Ainsi, l'on accorderait fort bien tolérance à ce vers :

« Je l'avais oublié, voici qu'il m'en souvient. »

pelles », au lieu de « tu t'en souviens », — ce jeune homme parlerait comme un gamin des rues.

Seulement, il peut très-bien dire « tu t'en rappelles la date »; car cela signifie « tu te rappelles la date de ce papier ». Alors le mot *en* n'est plus motivé par *rappeler*, ce qui serait vicieux — mais par la relation génitive qui se trouve accidentellement suivre le régime de ce verbe.

J'AIME *FAIRE*, J'AIME *VOIR*.

« *J'aime faire* », pour « *j'aime à faire* » ou « *j'aime de faire* ». C'est de certaines provinces d'Outre-Loire que vient cette détestable façon de parler, toujours apportée à Paris par des Nivernais ou des Berrichons.

Aimer ne saurait prendre pour régime direct un autre verbe. Tout infinitif français, dès qu'il suit « *aimer* », a aussi impérieusement besoin d'être précédé des particules *à* ou *de*, qu'un infinitif allemand d'être précédé de *zu*, ou un infinitif anglais de son inséparable *to*.

Quant au choix entre *à* et *de*, on ne saurait donner de règles. D'ordinaire les deux monosyllabes sont indistinctement permis. S'il paraissent quelquefois offrir une petite différence, la nuance est si légère qu'elle en est indéfinissable, et que l'usage et le tact indiquent seuls la préférence. Presque toujours, ce qui en décide, c'est le jugement de l'oreille.

« Le matin, j'aime assez *d'*aller respirer l'air ; j'aime *à* me promener dans le parc.

» J'aime *de* me sentir à l'aise dans mon corset.

» J'aime *à* rencontrer des causeurs aimables.

» Il aime *à* trouver, les soirs, occasion de faire sa partie » ; ou bien : « Il aime *de* trouver, les soirs, à faire sa partie ».

C'est qu'ici la première phrase renferme un *de* subséquent, lequel ne se rencontre point dans la seconde.

Notez que la survenance des adverbes *peu, beaucoup*, *fort, guère, point, infiniment*, etc., ne change rien à la chose. Ainsi l'on dit, en ajoutant toujours *à* ou *de* :

« J'aime beaucoup, — j'aime fort, — j'aime infiniment, — *de* me trouver à la campagne avec Cidalise ».

» J'aime très-peu, — je n'aime guère, — je n'aime point, — *à* rencontrer chez elle son cousin Dorval ».

Il n'y a que le mot *mieux* qui demande une remarque. Cet adverbe, en effet, semble briser la règle par nous posée, puisqu'il n'y a aucune faute à dire : « jouer m'ennuie, j'aime mieux danser ». Et l'on ne doit même parler qu'ainsi.

Mais pourquoi? — L'anomalie a ici ses causes; ou, pour mieux dire, elle n'est qu'apparente.

C'est que l'expression *aimer mieux*, ou *mieux aimer* (dans laquelle, si l'usage le permettait, les deux mots devraient être joints par un trait d'union), est une locution indivisible, une façon de terme à part, qui diffère essentiellement du verbe *aimer*, et qui n'en suit point les règles.

Pourquoi s'étonner de la chose? Qui ne sent que le verbe MIEUX-AIMER (ou AIMER-MIEUX), suivi d'un infinitif, correspond tout bonnement au *malle* des Latins? et que la fusion qu'ils ont faite, de *magis-velle* en *malle,* existe virtuellement chez nous, bien que nous n'ayons pas encore eu la sagesse de la consacrer jusqu'ici par un signe orthographique.

En y réfléchissant donc, on s'aperçoit que l'exception n'est pas réelle. AIMER MIEUX OU MIEUX AIMER, c'est-à-dire *malle*, n'étant nullement l'équivalent d'AIMER davantage ou avec plus de tendresse (*amare meliùs, aut modo magis laudabili*), il est permis d'affirmer qu'en aucun cas le véritable verbe *aimer* ne peut, devant un autre verbe, se passer du complément *à* ou *de* (1).

---

(1) Ceci est tellement vrai, vrai au pied de la lettre, que si l'on créait une phrase où le verbe *aimer*, quoique suivi de *mieux* et d'un infinitif, pût reprendre sa valeur primitive et propre, — à l'instant même le besoin de la particule reparaîtrait. Exemple : « Comme, grâce à l'expérience acquise, j'honore *mieux* mes parents que jadis, j'aime *mieux* aussi qu'autrefois *à* les écouter, *à* les soigner, *à* les servir ».

PRÉFÉRER UNE CHOSE *PLUTOT* QU'UNE AUTRE,

PRÉFÉRER UNE CHOSE *QU'* UNE AUTRE.

Préférer portant déjà en soi le signe de comparaison et de supériorité (par la force de la syllabe latine *præ*), il va sans dire qu'on ne peut pas y ajouter le mot PLUTÔT *(potiùs)*; car cet adverbe formerait pléonasme.

Quant au *que* comparatif, il n'est pas non plus admissible ici : « Je préfère le pain *que* la viande, » serait une locution détestable (1). « Je préfère le pain *à* la viande », est l'unique manière de parler qui soit permise.

Cette loi qui force à employer le datif, elle vient du sens originel de PRÉFÉRER. Evidemment on ne saurait, en latin, s'exprimer ainsi : *antepono* (ou *præfero*) *panem quàm carnem;* et de toute nécessité il faut dire : *præfero panem carni*.

Si l'on veut absolument faire usage de la conjonction comparative, — eh bien, au lieu d'employer *préférer*, il

(1) Nous l'avons entendue dans la bouche d'un officier.

faut se servir d'*aimer mieux*. Alors, en effet, le *que* se rapporte à *mieux*, ce qui est une combinaison permise : « mieux que, » *meliùs quàm*. « J'aime mieux le pain *que* la viande, » c'est-à-dire *malo panem quàm carnem;* ou en d'autres termes : *mihi placet meliùs (magis) panis quàm caro.* »

Des cas existent, cependant, où *que* pourrait être légitimement placé à la suite du verbe *préférer;* mais c'est quand il s'agit du *que* de liaison (en grec ὅτι, en latin *quòd,* en anglais *that,* en allemand *dass*), et non point du *que* de comparaison (en latin *quàm,* en anglais *than,* en allemand *als*). Ainsi l'on dira très-correctement : « Ne pouvant rendre heureuse Sosthénie, je *préfère qu'*elle épouse Charles. »

Encore est-il plus conforme aux habitudes du gallicisme, et certainement plus coulant, de dire : « j'aime mieux qu'elle épouse Charles. » Mais la première des deux manières suffit pour satisfaire aux exigences grammaticales, puisque la particule *que* y est un *quòd,* et non pas un *quàm.* En latin : *malo quòd Carolo nubat;* c'est-à-dire *malo eam Carolo nubere.*

N. B. Au sujet du mot *préférer,* il se présente des cas où l'auditeur reste quelques moments dans l'incertitude, ne sachant pas si l'on a respecté ou non les règles. Telle est la phrase suivante : « Ils préfèrent renoncer à leur patrie qu'à leur religion. » Ce qui fait illusion ici et qui dissimule la faute, ce sont les deux datifs; car il est sûr qu'on ne pourrait guère, sans bizarrerie, écrire : « Ils préfèrent renoncer *à* leur patrie, à renoncer à leur religion. » Mais cela n'empêche pas la première phrase d'être vicieuse, puisqu'elle renferme toujours le solécisme *préférer renoncer que*.

Aussi l'écrivain doit-il, abandonnant ici le verbe *préférer*, lequel n'y peut jamais amener que de mauvaises combinaisons, s'exprimer tout bonnement ainsi : — « Ils aiment mieux renoncer à leur patrie qu'à leur religion. »

II.

MOTS PRIS DANS DES ACCEPTIONS PROHIBÉES.

Susceptible, pour *capable;*

Soi-disant, pour *prétendu;*

Devoir, pour *falloir;*

De suite, pour *tout de suite* ou *sur-le-champ;*

Jusqu'alors, pour *jusqu'à présent;*

Chance, pour *bonheur;*

Fortuné, pour *riche;*

En raison de, pour *à raison de.*

SUSCEPTIBLE POUR *CAPABLE*.

A ne considérer que les antécédents, cette faute serait plus excusable que les autres.

Il n'y a pas trop à s'étonner, en effet, que le vulgaire confonde, quoique mal à propos, l'emploi des mots *capable* et *susceptible;* car, malgré la profonde ligne de distinction qui les sépare, ils ont, du côté de l'étymologie, une intime parenté; le premier venant de *capio* et l'autre de *suscipio*, deux verbes qui ont la même racine.

Aussi, et par un latinisme que conserva longtemps notre langue, l'être *doué de la faculté de recevoir* pouvait-il originairement, chez nous, s'appeler *capable de*. Les philosophes du moyen-âge auraient dit, sans aucun scrupule grammatical, que l'homme est *capable de Dieu (capax Dei)*, parce qu'il peut recevoir Dieu en lui.

C'est même uniquement par suite de cette acception primitive, — devenue hors d'usage, mais dont il subsiste des traces, — que l'on dit encore *capacité* (pour *contenance*) dans l'expression bien connue : « le litre et le boisseau sont des mesures de capacité. »

Quoi qu'il en soit, venons à l'état présent des choses.

Capable ne s'emploie plus pour désigner la faculté passive ou de réception; mais, en revanche, il exprime si bien maintenant la faculté active ou d'opération, qu'il est seul en possession de la désigner. Prohibition rigoureuse existe de représenter le rôle actif par le mot *susceptible*, lequel est absolument réservé pour les cas de passivité, pour ceux où il ne s'agit point d'agir.

Ainsi par exemple :

« On est *susceptible* de recevoir, d'éprouver, de subir, mais on est *capable* de donner ou de faire.

» On est *susceptible* d'impressions, d'émotions, etc., mais on est *capable* de résolutions ou d'actions.

» Un édifice est *susceptible* de réparations, d'agrandissements, d'embellissements; un architecte est seul *capable* de les concevoir tels qu'il les faut, et de les bien exécuter.

» Pleine qu'elle est de zèle et d'aptitude, cette armée serait *susceptible* d'une excellente direction, si son chef était *capable* de la lui imprimer.

» Le colonel Charles serait bien *capable* de devenir général, mais les lois militaires ne le rendent pas encore *susceptible* de cet avancement.

» L'ancien système politique de Sparte sous des rois eût été *susceptible* de changements moins radicaux, si Lacédémone eût rencontré dans Lycurgue un homme moins absolu, *capable* de prendre le rôle de réformateur modéré.

» Une chenille, n'étant pas *capable* de comprendre ce qu'on lui veut, n'est pas *susceptible* d'éducation (1).

(1) Il y a bien certains cas où *susceptible*, quoique impropre,

Quant aux circonstances où ces deux mots sont employés d'une manière absolue et sans complément, nous n'avons pas à nous en occuper.

Dans ces cas là, *capable* ne signifie plus qu'habile, ingénieux, intelligent, etc. *(solers)*; il ne se rapporte à rien de particulier, il n'est qu'un éloge général. « Les professeurs de Brienne avaient bien vu que le jeune Bonaparte deviendrait un homme *capable* (1). »

Susceptible, au contraire, quand il se généralise et qu'il est dépourvu de régime, renferme toujours une sorte de blâme, au moins léger; car il prend alors le sens de chatouilleux et d'irritable.

» Rien d'ennuyeux comme de vivre avec des gens *susceptibles*. »

---

serait assez mal remplacé par *capable*; mais pareil embarras, supposé qu'il se présentât, ne serait pas une raison pour faire conserver le premier de ces deux adjectifs. On aurait alors à tourner la difficulté, c'est-à-dire à découvrir quelque autre façon de parler pour rendre l'idée.

(1) Quand nous disons éloge, cela n'empêche pas que *capable* ne pût se prendre en mauvaise part s'il était employé par ironie, ou si l'on y attachait l'idée d'une certaine affectation de capacité. Mais cela se présente rarement, et d'ailleurs quelque chose alors l'indique. « Monsieur fait le *capable!* Monsieur ne peut se comparer à personne : il est si *capable!* »

SOI-DISANT POUR *PRÉTENDU*.

Beaucoup de gens s'imaginent pouvoir, à leur fantaisie, remplacer *prétendu* par *soi-disant*, sans prendre garde à la signification de ce composé, signification pourtant si claire. *Seipsum dicens :* « qui se dit lui-même (tel ou tel); qui se qualifie lui-même (de tel ou tel titre).

Sans doute rien n'empêche ces deux adjectifs, *soi-disant* et *prétendu*, de coïncider quelquefois. Il y a des circonstances où l'on peut avec justesse les appliquer l'un et l'autre au même sujet.

Par exemple, à moins qu'il ne s'agisse d'aliénés atteints de la basiléomanie, il est sûr qu'en général un *soi-disant* roi est aussi un *prétendu* roi; car il possède ordinairement le concours et l'appui de partisans, qui, pendant qu'il *se dit* roi, le *prétendent* tel.

Et de même, un *prétendu* roi est communément aussi un *soi-disant* roi; car il n'arrive guère que des zélateurs politiques reconnaissent pour monarque un homme qui ne se croie pas et ne se *dise* pas souverain.

Mais dans une foule de cas, l'accord est moins complet, ou même il n'existe pas du tout.

« Une *prétendue* jolie femme » est une femme que veulent faire passer pour jolie un certain nombre de personnes, ne fût-ce que ses amis, — tandis qu'une « *soi-*

disant jolie femme » pourrait fort bien, là-dessus, être seule de son avis.

Qu'est-ce donc quand il s'agit non plus de personnes mais de choses! Les choses ne pouvant parler, ne sauraient rien *dire* sur leur propre compte; eh bien, à présent cependant, — tant le français s'altère, — on entend prononcer des phrases aussi risibles que celles-ci :

« Accorder de soi-disant faveurs. » (*Concedere seipsos-dicentes favores.*)

« S'étayer de soi-disant titres. » (*Niti seipsos-dicentibus titulis*).

« S'affubler d'une soi-disant robe de soie. » (*Vestiri seipsam-dicente chlamyde sericeâ.*)

Quelle honte qu'on en soit réduit à la nécessité de signaler des balourdises pareilles! Un tel malheur montre qu'une foule de gens ont cessé de se rendre compte de la valeur, même la plus évidente, des termes dont ils font usage. En voyant l'incroyable style dont se sert une partie de nos compatriotes (1), — style qui indique si peu de compréhension de la manière d'employer l'outil nommé langue française, on est toujours tenté de leur crier avec Boileau :

Avant donc que d'écrire, apprenez à penser,

ou de leur dire avec Horace : « La source et le principe de l'art d'écrire, c'est le bon sens; »

Scribendi rectè sapere est et principium et fons.

---

(1) Voir le post-scriptum ci-après.

P. S. « L'incroyable style dont se servent, » avons-nous dit « une partie de nos compatriotes. » Ce dernier mot, nous ne le prononçons ici qu'avec douleur, mais force nous est de l'employer. — Bien qu'en effet l'origine d'un tel écart soit dans la nature humaine générale, c'est chez les Français, qu'à présent il se manifeste au plus haut degré.

Ainsi, et quoique l'on ait coutume d'attribuer à la rédaction trop rapide des feuilles quotidiennes le déplorable envahissement opéré chez nous par tant de fautes grossières, on ne voit pas que ce fâcheux résultat se produise chez nos voisins au delà du Détroit, malgré des circonstances correspondantes.

Certes s'il y a un pays où le journalisme règne en plein, où il ait pris des développements immenses, c'est l'Angleterre; il forme pour ainsi dire, l'atmosphère que respirent les peuples anglo-saxons. Eh bien, l'extrême promptitude de ces milliers d'articles, écrits et imprimés si vite, — promptitude qui ne laisse d'heures de loisir ni pour la rédaction dans le cabinet, ni pour la correction sur plomb, — n'a pas altéré la langue, à Londres, comme les faits analogues l'ont altérée à Paris. Toutes bâclées que sont les longues colonnes du *Times*, remplies tellement à la hâte, on ne les voit point contenir ces lourds solécismes, pas même ces milliers de simples mauvaises locutions, dont fourmillent chez nous les journaux.

DEVOIR POUR *FALLOIR*.

Est-ce une faute positive que de se servir du verbe *devoir*, dans les cas que le génie français réserve au verbe *falloir* et à ses équivalents? Ou bien n'y a-t-il là que manque de propriété, d'usage et d'élégance?

C'est un germanisme tout à fait prohibé; c'est une faute, dans la pleine acception du mot *faute*; car, en violant, par voie d'extension vicieuse, l'acception obligatoire d'un verbe dont le rôle dans notre langue est déterminé de la façon la plus précise, on produit en français non-seulement des locutions à tournure tudesque, mais de fausses nuances de signification, et parfois de véritables contre-sens.

Triste indice des progrès du jargon! Combien ne s'est pas affaibli à Paris le sentiment du langage national, combien les oreilles n'y ont-elles pas déjà perdu de leur faculté répulsive à l'égard du faux, pour qu'on ait pu voir s'opérer de tels essais d'invasion, de la part des formes grammaticales étrangères!

De ce que l'impersonnel latin *oportet* (il faut) se rend en anglais ou en allemand par un verbe personnel *(I must, ich muss)*, des ignorants ont cru pouvoir conclure qu'en français rien n'empêchait d'en faire autant, et que ces mots *oportet me facere* se traduiraient tout aussi bien par « JE DOIS faire » que par « IL FAUT que je fasse. »

Mais, d'abord, il y a grande dissemblance entre l'esprit des langues romaines ou néo-latines et celui des langues germaniques.

Ensuite, les gens auraient pu aisément voir, pour peu qu'ils y eussent regardé, un principe qui condamne leur baragouin. C'est que dans ces dernières même, s'il est vrai que l'on remplace l'impersonnel *oportet* par un verbe personnel, le choix à faire de ce dernier ne devient pas pour cela chose indifférente ; car on n'a pas plus droit, là, qu'en français, de confondre le devoir avec la nécessité. La seconde seule se rend par *ich muss;* le premier s'exprime par *ich soll.*

Quoi qu'il en soit, voici chez nous la règle :

Soit que l'on parle élégamment ou familièrement, n'importe ; dès que l'on veut être correct, l'emploi du verbe *devoir* n'est permis que des trois manières suivantes :

1° Pour indiquer l'obligation morale ;

2° Pour exprimer la futurition ;

3° Pour marquer l'induction et la conséquence.

Reprenons, une à une, les trois hypothèses.

I.

Pour indiquer une obligation morale.

Exemples :

« Nous *devons* honorer nos parents. — Le sage *doit* » pardonner les injures. — Quand rien ne contraindrait

» l'homme au travail, il *devrait* encore l'aimer, dans son » propre intérêt. »

A cette première catégorie appartient le verbe *devoir* appliqué aux dettes. « Je *dois* (sous-entendu *payer*) dix mille francs à mon voisin. » — Je le *dois*, en effet, soit parce qu'il me les a prêtés, soit parce qu'il m'a vendu un sien jardin, etc. C'est une obligation qui est devenue légale sans doute, mais qui reste morale aussi, et où l'idée de l'*officium* n'a point disparu.

II.

Pour exprimer la simple futurition.

Exemples :

« Mes frères s'occupent d'une spéculation qui *doit* les enrichir; » *quæ divites efficiet eos, quæ locupletatura est eos;* c'est-à-dire qui les enrichira.

« Ingratitude pour les bienfaits, voilà tout ce qu'on *doit* espérer. » *Omne quod sperandum est;* c'est-à-dire tout ce qui est à espérer, tout ce dont la probabilité permet de nourrir l'espérance.

« Nous attendons encore, ce matin, le courrier qui *devait* arriver cette nuit. « *Qui hâc nocte venturus erat;* c'est-à-dire celui qu'il y avait lieu d'attendre cette nuit.

III.

Pour marquer l'induction que l'on fait, la conséquence que l'on tire.

Exemples :

« Il a *dû* être bien content de se voir créé duc....., lui qui aime tant les honneurs. »

« Louis a *dû* arriver à Paris à onze heures....., puisqu'à dix il passait à Meaux. »

« On *a dû* lui rembourser cette créance (ou bien, *on doit* lui avoir remboursé cette créance)....., car je la trouve biffée sur ses registres. »

IV.

Voilà, nous le répétons, les trois hypothèses qui permettent d'user en français du verbe *devoir :*

1° Obligation morale, ou à peu près telle;

2° Annonce de l'avenir;

3° Induction, ou conséquence tirée.

Si aucune des trois conditions n'est applicable, l'emploi du mot est prohibé. C'est le cas, alors, de recourir à d'autres locutions; à celles qui expriment l'idée de besoin, de contrainte, etc.

V.

Du reste, il y a telle phrase qui se trouve être ou licite ou illicite, suivant le sens qu'elle renferme et d'après la manière dont elle sera complétée.

Exemples :

« Le soir du combat nous *avons dû* prendre la chaussée de Bertrambois. »

Est-ce bien ou mal dit? — C'est selon. Cela va dépendre de la suite :

« Nous *avons dû* prendre (ou *devons avoir* pris) la chaussée de Bertrambois..., car il semble, d'après la carte, que c'est bien là le chemin qui se trouvait sur le flanc de notre aile droite. »

Ici « nous *avons dû* » est bon et permis, parce qu'il résulte d'une induction.

4° « Nous *avons dû* prendre la chaussée de Bertrambois..., vu que l'ennemi nous serrait de trop près, et que nos troupes ne pouvaient plus tenir pied. »

Alors nous « *avons dû* » est mauvais et prohibé, parce que l'on a plus voulu exprimer une induction, encore moins un devoir moral, — mais un simple fait de nécessité.

Dans ce second cas, au lieu d'employer la forme nous *avons dû,* on avait de nombreuses ressources légitimes; témoins celles-ci :

« Le soir du combat {
il nous a fallu...
nous avons été obligé de...
nous avons été contraints de...
nous avons été réduits à...
nous nous sommes vus dans la nécessité de...
force nous a été de...
}
prendre la chaussée de Bertrambois. »

Voici encore un autre exemple de ces phrases qui sont ou bonnes ou mauvaises, suivant le sens qu'y attache celui qui les prononce, et d'après la manière dont il les explique :

« Pour percer cette route, *on a dû* faire sauter d'énormes rochers. »

Y a-t-il là une faute ou non? — Cela dépend du sens de ce qui va suivre.

« Car j'ai vu, le long du chemin, de gros quartiers de pierre qui m'ont paru noircis de poudre. »

Alors la phrase dont il s'agissait est correcte. Mais supposé qu'elle se termine ainsi :

« Car il n'y avait pas d'autre gorge, où l'on pût tracer le chemin. »

« Alors l'emploi de *on a dû* » serait illicite. Il s'agirait en effet, là, non d'induction ou de conséquence tirée, mais de la pure et simple expression d'une nécessité. La grammaire exigerait donc :

« Pour tracer cette route { il a fallu... / force a été de... / on s'est vu obligé de... } faire sauter d'énormes rochers, car il n'y avait pas d'autre gorge, etc. »

V.

Dernière question proposée.

Est-on dans la règle ou non, lorsque l'on dit :

« Le marché des Halles de Paris, *doit* satisfaire aux besoins d'une consommation immense. »

Même distinction à faire pour la solution.

Oui, si le complément est ceci : « Car il est abondamment fourni par les arrivages : » C'est en effet, alors, une conséquence tirée.

Non, si l'on ajoute : « Car il est pour les habitants la seule ressource de ce genre. » Alors en effet, la vraie locution n'est plus « *doit* satisfaire aux besoins, » mais *est tenu* de satisfaire aux besoins, — *est chargé de* satisfaire aux besoins, — « *a pour rôle* de satisfaire aux besoins, » etc., etc.

DE SUITE, POUR *TOUT DE SUITE* OU *SUR LE CHAMP*.

Une faute énorme, que depuis vingt-cinq ou trente ans on entend beaucoup faire, et que plusieurs personnes vont jusqu'a écrire, tant s'accroît l'ignorance du français, — c'est l'emploi vicieux du mot *de suite :* adverbe qui est très-bon, mais bon dans une autre signification que celle où l'on s'en sert.

De suite n'a jamais voulu dire AUSSITOT, TOUT DE SUITE, A L'INSTANT (latin *statim* ou *illico*). Il n'a pris cette acception que dans le jargon des portiers de Paris, des garçons de bains ou de cafés, et de vendeurs de contremarques. — Il signifie *sine intermissu*, c'est-à-dire CONSÉCUTIVEMENT, L'UN APRÈS L'AUTRE, d'une manière NON INTERROMPUE.

Exemples :

« Vous m'aviez laissé vos charmantes poésies. Je n'ai » pas pu, et beaucoup s'en faut, les lire *tout de suite* » (c'est-à-dire incontinent, sur-le-champ); « car la sollicitude de mon procès m'en a empêché pendant trois mois; » mais, une fois que je les ai eu commencées, j'en ai lu les » deux cents pages *de suite* » (c'est-à-dire sans interruption); « leur attrait ne me permettait pas de les quitter. »

« Vous êtes venu me parler dix fois *de suite* de votre affaire. » — Cela signifie qu'entre les dix conversations engagées par vous à ce propos, il ne s'en est pas glissée, de votre part, une autre, où vous ayez négligé de traiter de la chose.

Les dix causeries ont pu être espacées, peu importe; mais elles sont restées moralement consécutives; rien d'étranger au sujet n'étant venu s'interposer entre ces visites, qui avaient toutes le même but.

« Aux avant-postes de Grodno, il a fait si froid, la nuit » dernière, que trois sentinelles *de suite* y ont péri ». — Non pas que cela veuille dire qu'elles y aient péri à l'instant; mais seulement qu'entre les trois hommes qui ont successivement succombé à l'excès du froid, il n'y en a pas eu un quatrième, qui ait échappé à la mort. « Trois factionnaires ont péri *de suite* », signifie qu'ils ont péri l'un après l'autre.

« Je gage que vous n'avalerez pas *de suite* deux douzaines de biscuits. » Peu importe que ce soit à présent ou plus tard, car le pari peut très-bien être différé. L'expression veut dire seulement « D'UNE MANIÈRE SUIVIE ». Elle signifie « sans vous reposer, sans y mettre de l'intervalle, dès qu'une fois vous aurez commencé ».

Hormis ces sortes de cas, l'adverbe *de suite* est absolument vicieux. Ainsi :

Au lieu d'employer ces phrases incorrectes et barbares :	**Il faut dire, pour parler français :**
Arrivés en rade, nous débarquâmes, et nous nous rendîmes *de suite* au palais du Gouverneur.	Arrivés en rade, nous débarquâmes, et nous nous rendîmes *aussitôt* au palais du Gouverneur.
Un bon écolier, sitôt qu'il est levé, doit se mettre *de suite* à l'étude.	Un bon écolier, sitôt qu'il est levé, doit se mettre *immédiatement* à l'étude.
Heureux qui peut, lorsqu'on lui adresse un mot piquant, y trouver *de suite* la répartie.	Heureux qui peut, lorsqu'on lui adresse un mot piquant, y trouver *sur-le-champ* la répartie.
César, réveillé en sursaut, se jette *de suite* sur ses armes, et met en rangs la dixième légion.	César, réveillé en sursaut, se jette *soudain* sur ses armes, et met en rangs la dixième légion.
A la lecture de la dépêche, Charles XII ne se trouble point; il expédie *de suite* quatre courriers.	A la lecture de la dépêche, Charles XII ne se trouble point; il expédie *à l'instant* quatre courriers.
Une fois radoubés, nous levâmes l'ancre, et partîmes *de suite* pour Batavia.	Une fois radoubés, nous levâmes l'ancre, et partîmes *incontinent* pour Batavia.
Attendez un peu; je suis à vous *de suite*.	Attendez un peu; je suis à vous *tout de suite* (1).

(1) Dans ce cas là, on pourrait dire aussi : « je suis à vous *tout à l'heure* »; ce qui fournirait encore une huitième réponse.

On voit que s'il y a au monde une faute impardonnable, c'est celle-là; car elle n'a pas la moindre nécessité, par conséquent pas la plus légère ombre d'excuse.

En effet, l'une des deux idées, — celle du présent (celle du *statim* ou de l'*illico*), — possède en français sept ou huit expressions licites et commodes, savoir :

Aussitôt,	A l'instant,
Immédiatement,	Incontinent,
Sur le champ,	Sans retard,
Soudain,	Tout de suite (1).

Tandis que l'autre, — celle d'avénement consécutif ou de non-interruption, — n'a guère que deux manières de pouvoir être rendue :

De suite,
Sans intervalle (2).

Dès lors, n'y a-t-il pas abus choquant, — et, pour ainsi dire, scandale, — à détourner de son juste emploi l'une de ces deux manières de parler, pour l'appliquer à rendre incorrectement ce qui peut à merveille être rendu par sept ou huit locutions permises! Pourquoi, sans l'ombre de besoin, l'opulence viendrait-elle s'emparer des légitimes ressources de la pauvreté?

---

(1) Il peut même s'en présenter parfois quelques autres; par exemple, *sans désemparer*, *à la minute*, etc.

(2) A la rigueur, il y a bien encore « *consécutivement* »; mais ce terme est technique et peu usité. Quant à *successivement*, qui est plus cursif, il ne correspond pas toujours bien à l'idée de *sans intervalle;* il ne remplace qu'à demi cette locution.

JUSQU'ALORS, POUR *JUSQU'A PRÉSENT*.

Alors est une indication générale, qui s'applique à toute phase possible de temps, passée, présente ou future. Exemples :

PASSÉ. « *Alors* je n'avais pas encore perdu mes parents ; » *j'étais* heureux. »

PRÉSENT. « Il suffit que l'homme ait rempli ses devoirs » de la journée et qu'il ne se préoccupe pas du lende- » main : *alors* il *est* heureux. »

FUTUR. « Dieu renverra bientôt à ces braves gens leur » fils absent : *alors* ils *seront* heureux. »

Comment donc s'être imaginé qu'on pouvait prendre le mot ALORS (latin *tunc*) pour synonyme d'A PRÉSENT (latin *nunc*)?

Eh bien, cette absurdité devient fréquente. De tous côtés on commence à entendre dire, par exemple : « Je » n'ai *jusqu'alors* (c'est-à-dire *jusqu'aujourd'hui*) que » de bons témoignages à rendre de votre neveu ».

« Vous trouvez-vous bien d'être ainsi couché au grand air depuis le matin? — Mais oui, *jusqu'alors* (c'est-à-dire jusqu'*à présent*, jusqu'*à cette heure*). »

On devrait pourtant bien apercevoir qu'en latin *tunc* ne se prend jamais pour *nunc*, ni en anglais *then* pour *now*, ni en italien *allora* pour *adesso*, ni en espagnol *entonces* pour *ahora*.

CHANCE, POUR *BONHEUR*.

Le mot *chance* n'a jamais été synonyme de *bonheur*. Il ne le signifie ni dans le sens de bonheur fondamental (en latin *felicitas*, en anglais *happiness*), ceci va trop sans dire, — ni même dans celui de bonheur fortuit, bonheur de réussite (en latin *prospera sors, fausta fortuna*, en anglais *good luck*). Dans la bouche de quiconque parle correctement français, *chance* n'a d'autre acception que celle que lui donnent les mathématiciens, c'est-à-dire *risque*, *hasard*, *possibilité*, — plus ou moins grande *probabilité*. — Exemples :

« En se décidant à donner l'assaut, on court la *chance* » ou de vaincre ou de périr.

« A l'armée on a plus de *chances* d'avancement qu'en » garnison.

» Au milieu de ses expéditions les plus téméraires, » Datamès se ménageait toujours au moins une *chance* » de retraite.

» Partir pour les îles Célèbes, ce serait s'ouvrir des » *chances* presque certaines de fortune.

» La création de ces deux nouveaux emplois, auxquels » mon protégé n'est point inadmissible, lui offre deux » *chances* inattendues.

» Dans les loteries bien réglées, la valeur de chaque

» gain doit être proportionnée au nombre de *chances* » qu'il y a de ne pas l'obtenir. »

II.

Il est vrai que, l'usage étant d'interpréter dans le sens bienveillant les abréviations, nous devons appliquer cette règle à *chance*. De même donc que par *la santé* il est permis d'entendre la bonne santé, et par les *qualités* d'une personne ses *bonnes qualités;* de même qu'avoir de la *naissance* ou de la *tournure*, c'est avoir une noble naissance ou une tournure agréable; de même que *jouer un rôle* dans le monde, c'est l'y jouer considérable : — pareillement, le mot *chance*, tout court, peut se prendre pour *chance favorable*. Si donc je dis que dans une affaire je vois *beaucoup de chances*, on est libre, quoique la phrase ait un double sens, d'entendre que j'aperçois là beaucoup de chances *pour*, plutôt que contre (1).

---

(1) Encore même cette règle admet-elle des exceptions ; et ce n'est pas toujours le bon, mais quelquefois aussi le mauvais sens, qui s'attache à l'emploi du mot *chance* tout court. Ainsi, sa valeur elliptique n'est pas la même après le verbe *courir* qu'après le verbe *avoir*. Exemples : « En adoptant cette marche, il *aura* la chance, ou des chances, » c'est dire « les probabilités seront pour lui ». — « En adoptant cette marche, il *courra* des chances, beaucoup de chances, » c'est dire il s'exposera à de grands risques. L'adjectif *chanceux* se prend d'ordinaire en

Seulement, cela ne doit jamais ôter au mot sa valeur essentielle, de *simple possibilité* (grande ou petite). Avoir *plus ou moins* de *chances* dans un jeu, dans un concours, dans une lutte quelconque, c'est y avoir plus ou moins d'avantages éventuels, plus ou moins de bons éléments de gageure (1), mais voilà tout. Y eût-il vingt contre un à parier, cela ferait vingt *chances* contre une, mais le pari resterait toujours perdable.

Et cependant, depuis une trentaine d'années, on entend dire « j'ai eu *de la chance* », « pour j'ai eu de la réussite ». Or c'est d'abord tout à fait incorrect, mais en outre c'est déraisonnable; car les deux idées sont si peu la même chose, que parfois elles se trouvent directement opposées. Ainsi, je puis parfaitement avoir *réussi* à atteindre un certain résultat, bien que la CHANCE (la probalité) fût contre moi; ou bien, *vice versâ,* je puis l'avoir manqué, malgré de nombreuses CHANCES qui militaient pour me le faire obtenir.

Avoir été heureux (en latin *fortunatus*) en anglais *lucky*, ne saurait donc, à aucun titre, s'appeler « avoir eu *de la chance* ». Ce pitoyable abus de termes est une aberration de très-basse origine, et qui, primitivement

---

mauvaise part. « Entreprendre une expédition fort chanceuse », c'est se lancer dans une aventure dont l'issue doit donner plus d'inquiétudes que d'espérances.

(1) Voir le post-scriptum à la fin de l'article.

*

venue de l'argot des gens en haillons, est passée dans celui des soldats. C'est là, c'est au corps-de-garde, que d'abord certains officiers, — ceux surtout dont l'éducation laissait à désirer, — contractèrent par nonchalance l'habitude de s'en servir; puis, lorsque les crises de 1830 amenèrent la milice citoyenne à partager souvent le service avec la troupe de ligne, plusieurs gardes-nationaux prirent là, et reportèrent chez eux, l'habitude d'employer le mot *chance*, ainsi détourné de son sens. Epoque malheureuse au point de vue du langage; époque où pénétra jusque dans les salons la contagion d'une foule de mauvais termes, soit populaciers, soit du moins impropres, — les uns absolumemt prohibés, les autres relativement inadmissibles (1).

P.-S. Puisque par hasard nous avons à citer le mot *gageure*, mentionnons ici, en passant, le scrupule mal fondé qui fait hésiter quelques personnes sur la manière d'en prononcer la finale : *ure*. Il n'y a pas là-dessus la moindre incertitude, et leur doute ne peut s'expliquer que par leur jeunesse, que par leur manque de traditions. *Ure* est la seule prononciation

---

(1) Au moment où ceci est sous presse, on peut observer un nouvel exemple de la fréquence de la faute sur laquelle roule ce chapitre. Dans le petit *Moniteur*, on lit un feuilleton dont le héros a été qualifié par le sobriquet populaire PAS-DE-CHANCE, c'est-à-dire « qui n'a pas de bonheur, qui n'a pas de réussite, etc. (en anglais, *unlucky*) ».

admissible ici; il faut phonétiser la dernière syllabe de *gageure* comme la dernière d'*injure*. — Ne voit-on pas que *gageure* est un de ces mots abstraits en *ure* (latin *ura*) dont notre langue abonde: *nature, lecture, droiture, verdure, blessure, encolure*, etc.? L'*e* muet n'arrive point là pour altérer le son vocal, mais uniquement pour empêcher la consonne *g* de prendre la valeur gutturale, que sans cela elle acquerrait forcément devant un *u*, et qui ferait articuler la syllabe finale de *gagure* comme celle d'*augure*. Tel est ici l'unique rôle de l'*e*. Il ne modifie pas plus la nature de l'*u* dans *gageure* (*ga-jure*) que celle de l'*a* dans *changeant* (*chan-jan*) ou celle de l'*o* dans *pigeon* (*pi-jon*), mots où sa présence est également nécessaire pour qu'on ne soit pas contraint à dire *changan* et *pigon*.

FORTUNÉ POUR *RICHE*.

Originairement FORTUNE, — en latin *fortuna* (synonyme développé de *fors* ou *sors*), — ne s'employait que pour SORT, HASARD, DESTINÉE. Les événements nommés *fortuits* ne pouvant, malgré leur désordre apparent, avoir lieu sans une certaine raison d'être, la règle inconnue qui y préside fut aperçue des Anciens. — Ils firent plus que l'avouer, ils la personnifièrent; ce fut la Τύχη des Grecs et la *Fortuna* des Latins. Or comme la cause dont nous parlons est évidemment supérieure et plus qu'humaine, ils lui rendirent les honneurs divins. (La Fortune avait notamment, à Anxur, un temple fort célèbre.) De là ces façons de parler, restées en usage : « les faveurs de la Fortune, les rigueurs de la Fortune », etc. On dit en excellent français :

» Peu d'hommes savent porter également la bonne et » la mauvaise *fortune*.

» Déterminés à tout gagner ou à tout perdre, ces » aventuriers avaient absolument épousé la *fortune* de » leur chef.

» Au lieu de gagner des grades à l'armée, j'en suis » revenu éclopé. Qu'y faire? c'est là la *fortune* de la » guerre.

» Puisque vous êtes venu ici, passez-y la journée ; nous » vous offrirons pour dîner la *fortune* du pot ». (Ce qui se trouvera par hasard dans la marmite.)

Bientôt, il est vrai, — d'après l'habitude bénigne qui prévaut toujours dans l'interprétation des termes susceptibles de sens ou favorable ou défavorable, — on a pris spécialement en bonne part le mot fortune (1).

« Pars, et va-t'en chercher *fortune* », signifie « va-t'en » chercher un sort avantageux. »

« La plaisanterie a fait *fortune* » ; c'est-à-dire a réussi, a obtenu bon accueil. »

» Un homme si habile fera certainement *fortune*. (Il » saura se créer une position satisfaisante ; il parviendra » certainement à gagner soit des titres, des emplois, de » l'importance, soit de l'argent).

De l'argent surtout. Cette dernière nuance est en effet devenue la principale, et telle a fini par être l'acception la plus fréquente. Dans la majorité des cas, « la *fortune* de quelqu'un, » au lieu de signifier tout l'ensemble des circonstances de sa destinée, n'a plus voulu dire que la partie pécuniaire du sort qui lui est échu dans ce monde : *sortem ejus*, mais dans le sens de *rem ejus*, de *facultates ejus*. On ne connaît point de salon si pur et si sévère en fait de langage, où *fortune* n'ait été employé depuis longtemps comme l'équivalent du *res* latin ou du *wealth*

---

(1) Voir la note A ci-après.

anglais. « Il a de la fortune » veut dire « il a du bien (1) ».

Toutefois, la valeur secondaire dont nous parlons pour le mot *fortune*, est demeurée particulière au substantif; elle ne s'est jamais étendue à l'adjectif qui en dérive : à *fortuné*.

Non pas que FORTUNÉ, de même que le latin *fortunatus*, n'ait signifié, par euphonisme, « bien loti, doué d'une fortune prospère », *faustâ fortunâ prœditus* ; — mais en prenant toujours *fortune* dans l'un des sens oratoires ou poétiques de ce dernier mot : soit comme bonheur de réussite (latin, *bonus eventus*, anglais *luck*), soit peut-être aussi comme bonheur de satisfaction (*felicitas*, *beatitudo*, anglais *happiness*) (2); — jamais au sens prosaïque et moderne qui l'applique à la possession des terres et des écus.

Il est vrai, le lot matériel obvenu à chaque personne ici-bas, a été nommé par extension sa *fortune*, bien qu'il ne constitue qu'une partie (et que la partie la plus grossière) de sa fortune réelle, — c'est-à-dire de la destinée qui nous est échue d'en haut, même pour la terre.

Mais, comme une telle flexion de valeur lexique partait d'une tendance inférieure et très-vulgaire, on n'en a pas laissé grandir et se développer les effets. Ce détournement de sens, cette acception si matérialisée, l'usage en a res-

---

(1) Voir la note B ci-après.

(2) Quand Virgile a dit « *Fortunatus et ille deos qui novit agrestes*, — *fortunatus* équivaut chez lui à *beatus*.

treint l'emploi dans de justes bornes, même en ce qui concerne l'expression substantive (1).

Et quant à l'expression adjective, il a totalement défendu de la profaner ainsi. Pour indiquer les gens doués de richesse, ou au moins d'aisance, il faut se servir des termes directs; il faut dire tout bonnement qu'un homme est *riche, opulent, cossu,* — ou bien qu'il est *à l'aise,* qu'il est *aisé.* — Raconter qu'une fille pauvre qui vient de rencontrer un bon parti, a trouvé pour mari un homme *fortuné*, c'est parler comme les anciens garçons épiciers. Qu'il soit ou non gros propriétaire, gros rentier, etc., — qu'il ait ou non de la *fortune*, comme on l'entend (c'est-à-dire de l'argent), — *fortuné* est l'homme quelconque qui épouse la demoiselle, si elle est vertueuse et jolie.

Note A.

« On a pris spécialement en bonne part le mot FORTUNE »,

Cela remonte au temps des Romains, puisqu'un poëte a pu dire d'une façon très-classique : *spes et fortuna, valete!* et puisque *l'infortunium* (comme chez nous *l'infortune*), c'est-

(1) Lorsque la *fortune* de quelqu'un signifie son bien, ses champs, ses meubles, ses écus, — cette locution est très-licite sans doute, mais elle ne cesse pas d'avoir quelque vulgarité; aussi, quoique française, n'est-elle admise ni en poësie ni même dans le haut style de la chaire.

à-dire le contraire de la fortune, était pour eux le contraire de la réussite et du bonheur.

Du reste, ce qui s'est passé pour le mot *fortune* a eu lieu pour son synonyme français *heur* (venu du latin *fors*). HEUR est bien un mot général, lequel, déterminé par des adjectifs, forme les termes opposés *bon-heur* (*bona fors*) et *mal-heur* (*mala fors*). Néanmoins, quand il reste seul et sans qualificatifs aucuns, c'est dans le sens du bien que l'on a coutume de l'entendre. « Tant d'heur et tant de gloire », dit Corneille, pour *tantum prosperitatis et gloriæ*. En cela le grand tragique était d'accord avec le peuple ; car on connaît cette ancienne chanson du théâtre de la Foire à Paris, chanson où le mot *heur* signifie *bon-heur* :

Que Pantin serait content
S'il avait l'*heur* de vous plaire (1) !

Déjà, d'ailleurs, les Grecs avaient souvent donné à τύχη (événement, hasard, fortune) la nuance de « bons succès, événement favorable. »

NOTE B.

« Il a de la fortune » veut dire « il a du bien ».

Cependant le sens primitif de *fortune* a persisté quelque-

(1) « S'il avait l'*art* de vous plaire, » ont cru devoir dire certains ignorants, qui se figuraient être obligés de corriger ainsi la chanson du Pantin, faute de savoir ce que c'est que l'*heur*.

fois, jusqu'au point d'exclure absolument celui des ressources d'une cassette bien garnie.

Ainsi, sous l'Ancien Régime, un officier de *fortune* n'était certes pas un officier qui eût de la fortune (de l'argent); — bien au contraire. — Cela signifiait un militaire qui, sorti des rangs inférieurs de la société, n'ayant reçu pour briller parmi ses contemporains, ni naissance, ni richesse, et n'étant par conséquent point appelé, d'après l'état des choses d'alors, à porter naturellement l'épaulette et l'épée, — n'avait pu devenir officier que par FORTUNE (*fortè, fortuito*), c'est-à-dire moyennant une sorte de hasard, effet de circonstances d'extra; en vertu, par exemple, de son mérite exceptionnel, ou à cause de la mort d'un grand nombre de ses chefs, et vu la nécessité subite de le prendre pour remplacer l'un d'entre eux. Le véritable OFFICIER DE FORTUNE était un homme devenu *tribunus* non certes pas *adjuvantibus opibus* (bien s'en faut), mais *adjuvante fortunâ*, ce qui offrait précisément l'idée opposée.

EN RAISON DE, POUR *A RAISON DE.*

Voici une faute qui n'a pris naissance que depuis peu d'années, et qui s'est néanmoins déjà fort répandue. A présent une foule d'écrivailleurs, confondent, comme si c'était la même chose, « *en raison de* » avec « *à raison de* ». Supposant synonymes ces deux locutions, ils ne se servent plus guère que de la première. Elles sont cependant à mille lieues de se ressembler pour le sens.

« *A raison de* » peut s'employer comme moyen d'expliquer et de motiver un fait; c'est alors l'équivalent d'*à cause.* — Exemple : « Bien que les Espagnols et les Portugais fussent en guerre, Diégo put librement passer la frontière, *à raison de* son passeport. »

« *En raison de* » ne saurait servir à rendre la même idée. C'est un terme grammatical tout autre, et qui veut uniquement dire « *en proportion de* ». Voici trois exemples qui suffiront pour bien faire sentir la différence de valeur des deux expressions :

« Nuisibles pour l'âme, *à raison* surtout de l'aveuglement où elles la jettent, les passions, loin de se calmer par de premières réussites, s'accroissent *en raison* de l'importance des succès qu'elles ont obtenus. »

« Si l'ordre se maintient dans le système des mondes,

c'est *à raison* de leur attraction réciproque. Les astres, comme on sait, s'attirent *en raison* directe de leurs masses, et *en raison* inverse du carré de leurs distances ».

« Théophane et Théodule viennent tous deux d'être pensionnés, *à raison* de leurs longs services, mais sans que l'équité ait présidé à la fixation du chiffre annuel; car ils sont loin d'être récompensés *en raison* de leurs mérites respectifs. »

Ainsi, les mots « *en raison de* » ne peuvent jamais signifier « *à cause* de; » tandis que les mots « *à raison de* » le peuvent, et que tel est même leur emploi ordinaire.

Non pas pourtant qu'ils n'en aient un autre aussi; car l'expression *à raison de* peut également vouloir dire *au taux de* ou *sur le pied de.* « Le munitionnaire général ne se procurait plus de blé qu'*à raison* (c'est-à-dire au taux) de cent francs le sac, et pourtant il continuait de nourrir de pain l'armée *à raison* (c'est-à-dire sur le pied) d'une livre et demie pour chaque soldat. »

Mais dans ce cas encore, et quoique l'acception du terme « *à raison* » devienne alors quasi-mathématique, elle ne s'en confond pas davantage avec « *en raison* ». On se trouve bien être passé de l'idée de CAUSE à l'idée de COMPTES, mais non point à celle de PROPORTION, laquelle demeure toujours le partage exclusif de la dernière de ces deux façons de parler.

Un exemple final va éclaircir la chose.

« Comme on avait mal réparti sur les navires l'eau

potable, ne l'y ayant pas embarquée *en raison* de l'effectif de leurs divers équipages, — l'amiral fut obligé, à bord de son propre vaisseau, de ne la laisser distribuer qu'*à raison* d'un demi-litre par tête ».

IV.

SOLÉCISMES DIVERS.

Observer une chose *à* quelqu'un;

Lui éviter une peine;

Celui bleu, celle accordée;

J'ai *très*-faim, *très*-soif, etc.;

Tel grand qu'il soit;

Malgré *que;*

Davantage *que;*

On est fâché qu'*on* vous méconnaisse;

La chose est trop belle pour *ne pas l'admirer;*

Illégitime emploi du *que*, lorsqu'il est placé entre deux conditionnels dont le premier est suivi d'un pronom inversif.

OBSERVER UNE CHOSE A QUELQU'UN.

Cette faute grossière se commet à présent beaucoup.

Ainsi l'on entend dire :	**Dites, car il le faut absolument :**
« Nous leur avons *observé que* nous étions arrivés avant eux ».	Nous leur avons *fait observer que* nous étions arrivés avant eux.
Monsieur, *je vous observe que* je suis dans mon droit.	Monsieur, je vous *prie d'observer* que je suis dans mon droit.

Ne dites pas : « tu *leur observeras* la dépense folle où ils vont se jeter ».

Mais bien : « tu *leur feras observer* (ou si l'on veut, *tu leur représenteras*) la dépense folle où ils vont se jeter ».

Car OBSERVER ne veut nullement dire *reprocher*, mais *voir avec attention*, mais *remarquer*. Un chasseur OBSERVE les traces du gibier; un astronome OBSERVE la marche des planètes.

EVITER UNE PEINE *A* QUELQU'UN.

La défense qui existe pour le verbe *observer* s'applique pareillement au verbe *éviter,* c'est-à-dire qu'on ne peut pas lui donner deux régimes.

Ainsi, il ne saurait être permis de dire, en parlant de personnes que menace un embarras : « je veux *le leur* éviter » ; mais seulement « je veux *le leur faire* éviter », ou bien « le leur sauver ».

Non pas : « permettez-moi de *vous en éviter la peine* », mais bien : « permettez-moi de *vous en épargner* la peine ».

Et dans le fait, on sent qu'en latin il y aurait solécisme à dire *vitare rem alicui* pour *efficere ut aliquis rem vitet.* Chacun *n'évite* les choses que pour son propre compte ; — aux autres il les *fait éviter.*

CELUI BLEU, *CELLE* ACCORDÉE, ETC.

I.

Quoique cette faute soit monstrueuse, force nous est d'en faire mention, puisqu'on voit de déplorables exemples, qui même ont malheureusement cessé d'être rares.

En principe, elle consiste dans l'emploi d'un adjectif ou participe, placé à la suite du pronom démonstratif, et mis en rapport avec lui.

II.

Placé, disons-nous, à la suite du pronom démonstratif, mais de ce pronom intégral, complet, parfait. Et ici le besoin de clarté nous oblige à définir d'abord ce que nous entendons par là.

Le démonstratif intégral (le seul qui mérite la qualification de pronom), se distingue du démonstratif incomplet en ce qu'il n'est obligé de s'appuyer sur aucun substantif. Tels sont, en français, les mots *celui*, *celle*, *ceux*. Au contraire, le démonstratif incomplet (*ce*, *cet*, *cette*, *ces*) a besoin de s'annexer à un nom. Aussi, n'est-il, au fond, qu'une sorte d'adjectif (1).

III.

Le démonstratif incomplet (celui qui a besoin de se précipiter sur un nom) pourrait très-bien être suivi d'une épithète, pourvu que celle-ci précédât un substantif. On dit parfaitement :

« Ce judicieux magistrat;
» Cette jolie femme;
» Ces pauvres mais honnêtes paysans (2) ».

Pourquoi? Parce que l'épithète se rapporte au nom qui la suit, et point du tout au démonstratif qui la précède (3).

---

(1) Quoique le mot *ce* appartienne à la seconde classe (où il représente le masculin latin *hic*), il peut quelquefois faire partie de la première; c'est quand il est pris au sens neutre et dans l'acception substantive du latin *hoc* ou *illud*. Exemples : *ce* dont vous me parlez », *illud de quo mihi loqueris*; « des juges pour *ce* convoqués », *judices ad hoc convocati*. Evidemment, dans de telles circonstances, il y a exception, et *ce* y constitue un démonstratif intégral, un pronom, qui ne requiert aucun complément.

(2) A plus forte raison est-il permis de postposer l'adjectif. Exemple : « cette femme charmante », etc. Mais là-dessus il n'y a point de discussion.

(3) On pourrait même dire, sans aucune addition, « *cette*

IV.

Mais les démonstratifs complets et vraiment pronominaux NE PEUVENT JAMAIS ADMETTRE L'ADJECTIF. — Dans le fait, pour en recevoir un, ils sont à la fois *trop* et *trop peu*.

Trop; puisqu'ils ne sauraient devenir les simples annexes, les simples introducteurs, d'un nom qui fasse passer l'épithète avec lui.

Trop peu; car, bien qu'ils tiennent la place d'un nom, ils n'en ont pas toute la force; ils ne possèdent pas comme lui, — au moins directement, — le droit de recevoir un adjectif (1).

Ainsi, l'on ne saurait, sans commettre un énorme solécisme, dire « le manteau vert et *celui* bleu », ni « la faveur refusée et *celle* promise ».

V.

Que faire donc dans ces cas là?

Si l'adjectif peut se tourner par une expression où

---

belle »; mais par la raison que le mot *belle* devient alors un substantif.

(1) Sous forme indirecte, ils peuvent très-bien l'être, — soit moyennant les relatifs grammaticaux (exemple : *celui qui, celui que, celui à qui, en qui,* etc.), soit à l'aide des adverbes *où* et *dont*. (Exemple : celui *dont*, celui *où*.)

entrent *qui, que, dont, à qui, en qui, duquel*, etc., on a recours à ce moyen.

Exemples :

« Les permissions refusées et celles *que* l'on a promises » ; — ou bien : « et celles *dont* on a fait la promesse ».

Si au contraire ces sortes de tournures se trouvent être peu admissibles, alors il faut de deux choses l'une : ou répéter franchement le substantif, et dire, par exemple, « la robe verte et *la robe* bleue », ou bien employer devant l'adjectif le simple article *le, la, les*.

Comme en effet, d'une part, on ne peut absolument pas dire « la robe verte et *celle* bleue » ; et comme d'une autre part, il y aurait quelque chose de languissant et de peu usité à l'exprimer ainsi : « la robe verte et *celle qui est bleue* », eh bien, il faut dire tout bonnement « la robe verte et *la bleue* ».

VI.

Du reste, s'il est vrai que ce système (de recourir au pur et simple article) offre la meilleure méthode, c'est avec les adjectifs proprement dits ; car avec les participes, c'est différent. Là on est à peu près obligé de se servir de *qui, que, dont, duquel, auquel*, etc.

Du moins, pour les verbes actifs, la règle est quasi sans exception. A leur suite on est presque toujours dans le cas d'employer un de ces relatifs, et de ne pas se contenter de l'article; — à moins, bien entendu, que le participe n'ait pris valeur substantive (comme dans l'expression « *les vaincus* », ou dans le proverbe « c'est *aux battus* à payer l'amende ».) — Personne, à coup sûr, ne dirait : « les maris haïs et *les* aimés. Force est bien de dire « et ceux qui sont aimés ».

Pour les participes des verbes ou neutres ou réciproques, l'emploi des relatifs (*dont, que,* etc.) au lieu de l'article, est chose moins impérieusement nécessaire. On ne serait pas choqué d'entendre : « la mine fit sauter à la fois les soldats éveillés et *les* endormis », — ou même, quoique déjà moins bien « le public se préoccupait également des courriers absents et *des* arrivés ». — Cependant la règle reprend souvent le dessus. Ainsi, quoique *sortir* soit un verbe neutre, on ne dirait guère « les hommes entrés et *les* sortis » (1).

P. S. Sont réputées adjectifs, et par conséquent prohibées dans les cas ci-dessus, les locutions qualificatives commençant par la préposition *à* et qui tiennent lieu d'épithètes.

Exemples :

« A mine fière;

---

(1) On pourrait dire « et les sortants », mais c'est parce qu'*entrants* et *sortants* sont devenus des substantifs. — Quant à l'expression « et *ceux* sortis », nous n'en parlons point, pas plus que de « *ceux* endormis, *ceux* aimés, *ceux* arrivés », — attendu que nulle tolérance ne saurait être accordée à ce pitoyable langage, affreux jargon des échoppes et des cabarets.

» A nez retroussé ;

» A la mode ;

» A l'espagnole ;

» Aux yeux noirs ».

Ainsi, ce serait un solécisme que de dire : « j'aime mieux l'amant aux moustaches que *celui à* la barbe grise ».

Pour éviter « *celui à* » il faut ou répéter le substantif (*l'amant*) ; ou, plutôt encore, amener dans la phrase un autre mot qui soit synonyme ; dire par exemple :

« J'aime mieux l'amant à moustaches brunes que *le galant* à barbe grise ».

J'AI *TRÈS*-FAIM, *TRÈS*-SOIF, ETC.

« J'ai *très*-faim, *très*-soif, etc. », — au lieu de « j'ai *bien* faim (ou *grand'* faim), j'ai *bien* soif (ou *grand'* soif), j'ai *extrêmement* faim, j'ai une faim canine, je meurs de faim, etc. », — voilà ce que nous sommes à présent condamnés à entendre.

Comment peut-on n'être pas frappé de la corruption d'un tel langage?

Faim et *soif* ne sont à coup sûr point des épithètes; ce sont des substantifs. Eh bien, il n'y a que des ADJECTIFS et des ADVERBES... qui puissent être mis au comparatif ou au superlatif. Or la particule *très* est le signe de la forme superlative, forme qui ne s'applique jamais à des noms. Est-ce qu'on pourrait dire en latin *habeo famissimem? habeo sitissimim* (1)?

---

(1) Sans doute ce n'est qu'aux siècles de la plus basse latinité qu'appartiennent les locutions *habeo famem, habeo sitim,* dont nos phrases françaises J'AI FAIM, J'AI SOIF, sont la traduction littérale; mais qu'importe? Quoique l'on doive dire en bon anglais *I am hungry, I am thirsty* (mot à mot « je suis affamé, je suis altéré »), notre manière de parler ne correspond pas moins aux mots anglais *I have hunger, I have thirst.*

D'ailleurs, quand nous prendrions les termes vraiment latins, c'est-à-dire *esurio, sitio,* l'objection serait la même. Est-ce

Même règle pour les mots *froid* et *chaud,* quand ils sont employés comme régimes du verbe *avoir;* car alors ils possèdent la nature substantive, ils sont devenus synonymes de *chaleur* et de *froidure.* Commettrait donc un solécisme l'homme qui dirait « j'ai très-chaud », au lieu de dire :

» J'ai bien chaud,
» J'ai grand chaud,
» J'ai extrêmement chaud,
» Je meurs de chaud,
Etc., etc.

En effet, *le chaud,* qui est ici un substantif, équivaut à *la chaleur;* dès lors, j'ai *très-chaud* veut dire j'ai TRÈS-CHALEUR (*habeo calorissimem*), ce qui est illégitime dans toutes les langues. Si les Anglais peuvent, en pareil cas, employer un signe de superlatif, c'est qu'ils disent *I am,* et non pas *I have,* et que par conséquent, dans ces phrases-là, les mots *hot* et *cold* restent des adjectifs, susceptibles par conséquent des « degrés de comparaison ».

Malgré cela, la prohibition dont nous parlons, peut, au premier coup d'œil, sembler assez étrange, puisqu'il est permis de dire « il *fait* très-chaud, il *fait* très-froid ».

Mais pour peu qu'on y réfléchisse, on découvre les causes de la différence. En effet, à la suite de l'expression

---

qu'il serait permis de leur donner la forme superlative? est-ce que l'on pourrait dire *esurissimio, sitissimio?*

« *il fait* », les mots *froid* et *chaud* ne sont pas des substantifs, comme on le croirait ; — ils restent de simples adjectifs, qui seulement sont employés d'une manière elliptique. Ce sont des épithètes appliquées au mot TEMPS, lequel est sous-entendu. « Il fait (un temps) chaud, ou très-chaud ; il fait (un temps) froid, ou très-froid. »

La preuve qu'ici il y a ellipse, et que les mots *froid* et *chaud* n'y sont pas synonymes de *froidure* et de *chaleur*, c'est qu'à propos de la température, on dirait licitement « il fait *beau*, il fait *doux*, il fait *humide*, il fait *accablant* », tandis qu'on ne pourrait nullement dire « il » fait *beauté*, il fait *douceur*, il fait *humidité*, il fait *ac-* » *cablement* ».

Terminons donc en rappelant le principe :

Jamais un substantif, ni aucun mot qui en tienne lieu, ne peut, en grammaire, recevoir les degrés de comparaison. Dès lors, la faim, la soif, le froid, le chaud, etc., sont incapables d'être mis au superlatif (1).

---

(1) « Eh quoi, » répondra peut-être un étourdi, les substantifs ne sont pas susceptibles de degrés de comparaison ? Mais est-ce que l'on ne dirait pas fort bien « j'ai *plus* faim *que* soif ! — Oui, certes, on peut le dire à merveille ; seulement, il n'y a pas là un COMPARATIF, quoiqu'il y ait une *comparaison* ; car elle ne porte point sur l'objet, mais sur le verbe. Observez, en effet, qu'ici la pensée n'oblige pas à transformer *famem*, pour ainsi dire en *famiorem*. La pensée (traduite dans un mot-à-mot plat, mais exact) est celle-ci : *magis habeo famem quàm* (*habeo*) *sitim*.

P.-S. Chose curieuse, et qui ne doit pourtant pas surprendre, car elle est parfaitement logique : — tandis qu'il y a prohibition de se servir de l'adverbe *très* avec les adjectifs qui sont devenus substantifs (comme *chaud* ou *froid*, pris dans le sens de *chaleur* et de *froidure*), en revanche il y a permission d'appliquer les *degrés de comparaison* aux substantifs qui, détournés de leur rôle, ont pris la nature adjective et sont employés comme épithètes. Exemple :

« Lui, qui avait été longtemps *très*-enfant, il est vraiment homme, à présent, et même *plus* homme que son frère. »

De telles locutions, on le sent, n'ont rien d'irrégulier. Pourquoi? Parce qu'ici les substantifs *enfant* et *homme* sont devenus de vrais adjectifs (1).

---

(1) Peut-on dire correctement « il est *très*-gentilhomme? » C'est selon.

Non point, non, la chose est défendue, si cela signifie uniquement qu'il est fort bien né, et que sa famille est ancienne; car alors, *gentilhomme*, étant pris au sens propre, reste un substantif, et ne peut recevoir la forme superlative, sinon par l'intermédiaire d'une épithète à laquelle s'appliquera l'adverbe *très*. On dira donc : « il est très-*bon* gentilhomme. »

Mais oui, et la chose est permise, si par ces mots, « il est très-gentilhomme, » on entend qu'il se conduit d'une manière parfaitement noble. Car alors, *gentilhomme* est détourné de sa signification ordinaire et substantive ; il a pris une valeur qualificative, laquelle par conséquent devient susceptible de recevoir le *plus*, le *moins* et le *très*.

TEL GRAND QU'IL SOIT.

« *Tel* grand, *tel* judicieux, qu'il paraisse, etc. »

Quel solécisme grossier, que de faire suivre l'adjectif *tel* d'un second adjectif! Comme si le premier n'était qu'un adverbe, et pouvait régulièrement modifier l'épithète!

On ne sait d'où a pu venir l'idée d'employer un baragouin si choquant. Recourir à de pareilles fautes, en effet, n'a pas même l'excuse d'un embarras dont on aurait cherché à sortir, puisque l'on possède trois excellentes locutions, pleinement usitées, lesquelles sont aussi faciles que correctes.

Quelque grand qu'il soit;
Si grand qu'il soit;
Tout grand qu'il est (1).

---

(1) Qu'il *est*, et non pas qu'il *soit;* car la pensée, qui reste très-incertaine avec les formes *quelque* ou *si*, devient plus affirmative avec l'expression *tout*, et par conséquent le verbe qui la rend prend naturellement l'indicatif. C'est un usage que les maîtres ont suivi, et que l'on a tort aujourd'hui de négliger.

Il y a dans nos classiques, dit-on, certains exemples du contraire. — Quand il y en a, répondrai-je, l'exception CONFIRME la règle, au lieu de la détruire; car c'est qu'alors il existe une finesse, une intention particulière. Ainsi, Regnard, c'est vrai, a dit dans son Démocrite « *Tout dieux que vous soyiez* (et non pas que *vous êtes*)*;* mais c'est en faisant parler à

Il en existe même, à la rigueur, une quatrième : c'est à savoir, celle qui, au lieu de *quelque* ou de *si*, emploie la préposition *pour* :

« *Pour* grands que soient les rois, ils sont ce que nous sommes;
« Ils peuvent se tromper comme les autres hommes. »

A la vérité, le dernier moyen dont nous parlons est archaïque; il appartient d'ordinaire au vieux style, et surtout à la poésie. Toutefois, on ne peut pas dire que cette locution n'ait plus absolument pour théâtre que les vers, ou même que le langage oratoire; car elle est restée en plein usage par exemple, devant l'adverbe *peu*. Ainsi, au lieu de dire :

« *Si peu* (ou bien *quelque peu*) que vous eussiez attendu, votre patience vous aurait fait réussir ».

On dit tout aussi bien, et même mieux :

Pour peu que vous eussiez attendu, votre patience etc. (1).

---

des dieux auxquels son personnage ne croit guère. Dans ce substantif, qui vient, contre l'ordinaire, accompagner la forme *tout*, il se cache une nuance de doute et de moquerie, dont les lecteurs devraient s'apercevoir. — Mais les gens qui en prennent à l'aise avec la grammaire, ignorent communément aussi beaucoup d'autres choses.

(1) Par une énorme faute, tout récemment introduite en usage, quelques personnes ajoutent *si* à *pour*. Cumulant deux moyens entre lesquels il faut opter, elles se croient obligées de s'exprimer ainsi : « *pour si* peu que vous eussiez attendu. » Pléonasme ridicule, qui tient à ce qu'elles ne se rendent pas compte de la valeur que possède là le mot *pour*.

MALGRÉ QUE.

I.

Malgré ne saurait recevoir le *que*, ni se transformer en conjonction. Ce mot, qui est essentiellement une préposition, ne peut avoir pour complément qu'un nom (ou qu'un pronom).

Si l'on veut, dans les phrases où l'on mentionne une opposition, faire usage du substantif d'un verbe, alors il faut employer non pas *malgré que* (mot qui n'est pas français), mais *bien que* ou *quoique*.

Voici, par exemple, les locutions permises :

Réussir *malgré les obstacles*.

Tu vas là *malgré moi*.

Laure épousera Lindor *malgré ce* qu'elle a appris sur lui.

Quoique le Maréchal soit parti pour l'armée.

Bien que le Sultan ait nommé vizirs Omar et Méhémet.

Mais il y aurait solécisme à parler de l'une des façons suivantes :

« Nous allons nous remettre en route *malgré qu'il pleuve ;*

« Ils m'ont pris pour arbitre, *malgré que j'eusse refusé.* »

Au lieu de cela, dites :

Nous allons nous remettre en route { *bien qu'il pleuve ;* / *malgré la pluie.* }

Ils m'ont pris pour arbitre { *quoique j'eusse refusé;* / *malgré mes refus.* }

II.

Eh quoi, demandera-t-on, n'y a t-il donc absolument aucun cas où *malgré* puisse être suivi de *que?* Il nous semble pourtant que si.

— Effectivement, il y en a un, — dont même l'étude est fort curieuse ; — et nous allons le faire connaître.

Quand on en aura compris la nature et vérifié les bornes, on verra que ce phénomène grammatical est amené par des circonstances spéciales, étrangères à la préposition *malgré,* et qu'on ne saurait sans impropriété regarder comme UNE EXCEPTION A NOTRE RÈGLE cette sorte d'anomalie, qui a ses causes particulières.

Examinons d'abord les conditions du fait, et ses limites.

1° Il ne se présente que pour un seul et unique verbe : pour le verbe *avoir;*

2° Que pour le verbe *avoir* non suivi d'un régime ;

3° Que pour le verbe *avoir* non employé comme auxiliaire.

Ainsi, l'on peut dire : « malgré qu'il (ou *qu'elle*) en *ait;* »

Mais non pas : « malgré qu'il (ou *qu'elle*) en *soit;* » parce que *soit*, — substantif du verbe être, — n'appartient pas au verbe *avoir*.

Pas davantage : « *malgré qu'il* en *ait* envie; » parce qu'alors le verbe *avoir* est suivi d'un régime.

Pas non plus « malgré qu'il ait vu, tué, joui, etc. (ni « malgré qu'il en ait vu, tué, joui, etc. »); parce que là, le verbe *avoir*, accolé à d'autres verbes (actifs ou neutres, peu importe), — n'en est, comme on parle en style de rudiment, que *l'auxiliaire* de conjugaison (1).

Or, un phénomène, ainsi borné et circonscrit, et dont la présence dépend de données particulières si fixes et si certaines, n'est point l'effet du hasard. A quoi tient-il? Quelles en sont la nature et les causes? De quelles réalités internes est-il la manifestation?

Un peu de réflexion va nous en instruire.

Dès que l'auxiliarité du verbe est ici une cause absolue de prohibition, c'est que, dans les cas d'emploi licite,

---

(1) Il va sans dire que la prohibition n'atteint pas les phrases où *avoir* n'est auxiliaire que de lui-même. Ainsi, et pourvu que ce verbe ne soit suivi d'aucun régime, on peut dire très-licitement « *malgré qu'il en ait eu.* » Ce n'est là, en effet, que transporter au *parfait du subjonctif* le subjonctif présent « *malgré qu'il en ait* : » locution permise, dont nous allons expliquer le véritable sens.

avoir est toujours verbe actif. Comment, pourtant, se figurer pareille chose, puisque nous voyons alors interdire tout régime? — Est-ce qu'à défaut de régime ostensible, il en existerait un de caché?

Précisément oui; et c'est là tout le secret. Ici le verbe se trouve posséder un régime ou complément, auquel seulement on ne prend pas garde. C'est à savoir.... quoi? C'est à savoir... la seconde syllabe du mot *mal-gré* : le substantif *gré*.

Ma femme trouve le chapeau À SON GRÉ (*ad suam complacentiam*, *ad suum* GRATUM); Charles embrasse de plein gré (*pleno suo* GRATO) l'état militaire; cet ouvrier remplit sa tâche, bon GRÉ, mal GRÉ (ἑκὼν ἄκων, *bono seu malo* GRATO); — ital. *di buono o mal grado*; esp. *de bueno u mal grado*.

Et dans cette dernière phrase (bon *gré*, mal *gré*), il y aurait erreur grossière à prendre pour un substantif le mot *mal*. C'est une belle et bonne épithète; c'est l'adjectif dont le masculin fait encore partie de la formule « gagner mille écus, *bon* an, *mal* an (bonne ou mauvaise année), et dont le féminin n'a pas péri non plus, puisqu'on le rencontre fort bien, de nos jours même, dans ces locutions : « la *male* peste, mourir de *male* mort (1). »

---

(1) L'adjectif dont nous parlons s'est conservé aussi dans plusieurs noms propres : MALESHERBES, MALESPEYRES (mauvaises herbes, mauvaises pierres); BIGNE-MALE (*peña mala*), mauvaise roche.

Ainsi en est-il du cas présent. « *Mal* gré qu'il en ait », signifie « *mauvais* gré qu'il en ait », c'est-à-dire « quelque mauvais *gré* (ἥντινα χάριν) qu'il puisse en avoir. »

On comprend aisément, dès lors, pourquoi nulle possibilité n'existe de dire « *malgré qu'il en soit* », puisqu'une telle phrase n'offre pas de sens.

Et comme le substantif *gré* et son adjectif *mal*, fussent-ils réunis, diffèrent toujours de la préposition *malgré*, on voit aussi très-bien que leur association devrait s'écrire non pas en un seul mot, mais en deux, qui n'ont pas même vraiment besoin d'être liés par un trait d'union. Leur orthographe exigerait au moins *mal-gré*; mais *mal gré*, tout-à-fait séparément, vaudrait mieux encore (1).

P. S. Depuis que le présent chapitre a été envoyé aux imprimeurs, nous venons d'apercevoir, dans le journal l'*Evénement*, un article dont l'auteur, ayant été frappé des mêmes vérités que nous, condamne comme nous *malgré que*, et par les mêmes raisons. — Allant plus loin, et abordant une question

---

(1) Nous n'avons pas à traiter ici des synonymes de *malgré*, tels que *nonobstant* et *en dépit de* : équivalents dont le premier ne prend pour régime que des choses, tandis que le second, au contraire, exige pour régime ou des personnes, ou tout au moins des choses personnifiées. Le bon ou mauvais emploi qu'on peut faire de ces mots, n'a rien de commun avec le sujet du présent chapitre.

que nous n'avions pas touchée, il réprouve, à cette occasion, la locution *quoi qu'il en ait*. — Il a raison.

Cependant peut-être y aurait-il moyen, à la rigueur, de tolérer celle-ci; c'est par la supposition bénévole que les gens qui parlent ainsi, donnent là au verbe *avoir* la signification d'*avoir quelque chose sur le cœur, avoir quelque chose contre nous*, etc. Et dans le fait, à un homme mécontent, on peut correctement dire : « Qu'est-ce que vous *avez ?*

DAVANTAGE *QUE*.

L'adverbe *davantage* ne s'emploie que d'une manière absolue, jamais relative. Supposé que l'on tienne à établir comparaison, on est obligé de se servir de *plus que* ou *plus de*.

Il y aurait solécisme à dire :

« Notre *abondance* (1) de collège est trop faible; j'y voudrais *davantage de* vin. »

La grammaire exige : « j'y voudrais *plus* de vin. »

On ne peut s'exprimer ainsi :

« Comment douter si je vous préfère à vos camarades? — je vous aime dix fois *davantage qu'eux*. »

La correction du langage demande : « je vous aime dix fois *plus qu'eux*. »

Ou bien, « je vous aime dix fois *davantage*, » mais alors sans rien ajouter.

---

(1) *Abondance* employé dans le sens technique des pensionnats, c'est-à-dire « eau rougie ».

ON EST FACHÉ QU'*ON* VOUS MÉCONNAISSE.

Une des richesses de notre idiome, c'est, à coup sûr, la faculté d'employer le monosyllabe *on*.

Rien de plus commode que la ressource de ce petit mot, si général, qui remplace une foule de substantifs. Mais encore faut-il savoir s'en servir ; car toute manière d'en user n'est pas légitime.

Ainsi, quand les écrivains viennent de l'appliquer à représenter sous forme indéterminée une certaine personne, ou une certaine classe de gens, ils ne peuvent plus, dans la même phrase, le mettre en œuvre pour désigner une autre personne ou un autre groupe. Exemple :

« *On* est fâché de voir qu'*on* vous méconnaisse ».

Voilà évidemment une mauvaise phrase, puisque la syllabe pronominale *on* y reçoit deux significations différentes, et même opposées : elle y désigne d'abord l'homme qui est méconnu, et puis l'homme qui méconnaît.

Pour échapper au vice d'une pareille locution, il faut trouver moyen, soit de donner deux fois au monosyllabe la même acception ; par exemple, en disant :

« *On* est fâché si l'*on* se voit méconnu ».

Soit de remplacer le second des deux *on* par quelque synonyme. Exemple :

« On est fâché de voir *que les gens* vous méconnaissent ».

Ou bien encore, il faut tourner la phrase de manière à n'avoir besoin d'employer le terme qu'une seule fois, ce qui élude la difficulté. Par exemple :

On est fâché *de se voir* méconnu.

II.

L'abus, malheureusement fréquent, que nous venons de signaler, est comparable à ce que serait une violation des règles de la langue algébrique.

L'algèbre a son idiôme conventionnel, lequel, généralisant l'expression des quantités, permet de les calculer philosophiquement, c'est-à-dire, abstraction faite de leur individualité; mais cet idiôme a beau sembler vague, il n'en a pas moins ses exigences, qui doivent être fidèlement suivies : son indétermination n'est point absolue. Sans doute, *a priori*, les lettres de l'alphabet, prises comme signes quantitatifs, peuvent représenter des millions de choses diverses; mais, *a posteriori*, c'est-à-dire une fois leur valeur dûment convenue (quoique ce soit une valeur restée générale), il n'est plus permis d'en changer la signification durant le cours du même problème; le calculateur n'a plus le droit de donner à l'a la valeur qui s'est trouvée être assignée au b, etc.

Eh bien, ainsi en est-il du monosyllabe *on*.

Par sa nature pronominale vague, il est propre, sans contredit, à tenir lieu de mille divers groupes d'individus; mais sitôt qu'il en représente un, il ne peut plus, dans la même phrase, en représenter un autre.

HÉLÈNE EST TROP BELLE POUR NE PAS L'ADMIRER.

Le solécisme dont il s'agit ici, consiste en ce que le verbe mis à l'infinitif dépend d'un sujet (sous-entendu) qui n'est pas le même que le sujet de la phrase.

« Hélène est trop belle pour ne pas l'admirer ».

Qui est-ce qui est belle? C'est Hélène. Qui est-ce qui admire? C'est vous, c'est moi, c'est le public.

Il faut donc adopter quelque autre manière de parler ;

Soit en disant (si l'on conserve le verbe final à la voix active) :

Hélène est trop belle

» pour que { nous ne l'admirions pas; / vous ne l'admiriez pas; }

» pour qu'on ne l'admire pas;

» pour que { chacun / tout le monde / la foule } ne l'admire pas;

» pour que les gens ne l'admirent pas » ; etc. etc. ;

Soit en disant, si l'on tourne par le passif :

« Hélène est trop belle pour ne pas être admirée ».

Du reste, ce n'est pas seulement l'adverbe *trop* qui amène de ces difficultés-là, quand il est suivi de *pour*. Placé dans les mêmes conditions, le mot *assez* donne lieu à l'application de règles semblables.

Ainsi, l'on ne saurait dire : « Mes fils sont déjà *assez* grands pour *les laisser aller seuls* ». Il faut ou s'exprimer de cette façon :

« Mes fils sont désormais assez grands
» pour que *je* les laisse aller seuls;
» pour qu'*on* les laisse aller seuls », etc. etc.

Ou bien, dire tout simplement, et sous la forme abrégée, — qui est ici la plus commode :

« Mes fils sont désormais assez grands *pour aller seuls* ».

P. S. Il y a des phrases qui paraissent, au premier coup d'œil, ressembler à celle de l'intitulé du présent chapitre, et qui néanmoins sont correctes; c'est que la ressemblance n'est qu'apparente. — Ainsi, l'on dirait, sans transgresser aucune règle :

« Quel noble trait de dévouement! Hélène est *trop* généreuse *pour ne pas l'admirer* ».

Mais pourquoi peut-on licitement parler de la sorte? Parce que c'est *Hélène* qui *admire*; elle est devenue le sujet de la phrase.

UN *QUE* ENTRE DEUX CONDITIONNELS

DONT LE PREMIER EST SUIVI D'UN PRONOM INVERSIF.

Voici un genre d'incorrection tout à fait récent; mais, bien qu'il ne soit que d'hier, on le rencontre déjà partout. Comme une tache d'huile, cette faute commence à s'étendre.

Le solécisme, en ceci, consiste dans l'emploi simultané de deux choses qui s'excluent réciproquement, et entre lesquelles il faut opter : 1° un pronom placé en inversion après le premier conditionnel; 2° un *que* servant de pivot au conditionnel corrélatif.

L'alternative est impérieuse. Ou gardez le pronom, mais il prohibera le *que*; ou bien laissez le *que*, mais celui-ci interdira la présence du pronom.

Nous sommes bien maîtres, par exemple, de dire, en retranchant le pronom inversif :

« L'ennemi *semblerait* dispersé, *que* l'on devrait veiller encore; »

« De telles nouvelles seraient indubitables, *que* je ne les tairais pas moins. »

Mais si nous préférons la présence du pronom enclitique, et que nous désirions le conserver, cela ne nous est permis qu'à charge de supprimer le *que* subséquent.

Encore faut-il avoir soin, alors, de remplacer par un subjonctif le conditionnel du premier des deux verbes. Exemples :

« L'ennemi *semblât-il* dispersé, on devrait veiller » toujours. »

« De telles nouvelles *fussent-elles* indubitables, je ne » les tairais pas moins. »

N. B. La simple substitution de cette forme subjonctive à la conditionnelle, n'empêcherait aucunement le *que* d'être une faute. Ainsi l'on ne pourrait pas dire :

« L'ennemi *semblât-il* dispersé, *que* l'on devrait veiller » encore. »

Dès que nous ajouterions un *que*, le solécisme serait aussi grand avec *semblât-il* qu'avec *semblerait-il*.

V.

EXPRESSIONS IMPROPRES.

Subir une amélioration;
Jouir d'une mauvaise santé;
Votre dame et sa demoiselle.

SUBIR UNE AMÉLIORATION.

Conformément à ce que fait pressentir son étymologie (*subire*, aller dessous), SUBIR répond toujours à des idées de subjection, d'abaissement, de passivité; à des idées plus ou moins humiliantes ou tristes. Jamais on ne doit lui donner pour régime le nom d'une chose agréable.

Une nation vaincue *subit* le joug (1); une contrée *subit* des fléaux; un homme vaniteux *subit* des affronts; un criminel *subit* sa peine; un pauvre blessé *subit* une opération de chirurgie; les peuples ou les individus *subissent* la loi du plus fort.

Mais on ne saurait dire, en bon français, qu'une science *subit* des progrès; ni un édifice, des embellissements; ni un code, des améliorations.

Seulement, il y a permission de se servir de *subir* dans les cas douteux. Pour que l'emploi en devienne légitime, il suffit que le sens fâcheux soit au nombre des significations possibles.

---

(1) Dans la guerre de Rome contre les Samnites, ce fut comme on sait, le terme propre, puisqu'il fallut que les Romains, devenus captifs, se résignassent à passer sous les *jougs* emblématiques nommés les Fourches caudines.

Ainsi, les candidats *subissent* un examen ; le sage *subit* des épreuves. Pourquoi ? Parce que rien ne démontre d'avance que l'examen, que les épreuves dont il s'agit, se termineront par un résultat favorable.

Ainsi, de même, lorsque le temps amène soit des changements dans nos goûts, soit des vicissitudes dans les empires, on dit très-bien qu'il les leur fait *subir*. Pourquoi ? Parce que les changements, les vicissitudes quelconques, n'ont rien de nécessairement avantageux, et sont aussi souvent un mal qu'un bien.

Ainsi encore, il est correct, en parlant des influences physiques ou morales, de dire non-seulement qu'un homme les reçoit ou les éprouve, mais encore qu'il les *subit*. Elles peuvent être, en effet, aussi souvent mauvaises que bonnes.

Du reste, dussent-elles être supposées favorables, la permission subsisterait encore d'employer ce verbe. Oui, toutes les influences, même heureuses, quiconque les accepte les *subit*. Mais la raison en est claire : c'est que l'état quelconque dans lequel, au lieu d'exercer des influences, on y est soumis, est toujours une sorte d'état inférieur et passif ; un état qui porte en soi quelque chose de subordonné, et qui, par conséquent, *à priori*, motive l'emploi du verbe *subir*.

JOUIR D'UNE MAUVAISE SANTÉ.

Oubliant ce que veut dire *jouir,* — ou ne l'ayant peut-être jamais su, — certaines personnes (et du nombre de celles que l'on devrait croire incapables d'une pareille bévue) — se servent quelquefois de ce verbe tout à fait au hasard, comme si c'était un simple synonyme d'*avoir* ou de *posséder*.

Quand *jouir* ne ferait que correspondre au latin *frui,* ce serait assez, déjà, pour qu'on se bornât à l'appliquer aux choses dont la possession est réputée un avantage ou un plaisir : des revenus, de l'autorité, de la faveur, de la renommée, etc.

Mais la règle est encore plus impérieuse; car notre verbe JOUIR, par suite de son origine, va bien au-delà du *frui* latin. Il est la traduction littérale de *gaudire,* qui a été dit par métaplasme pour *gaudere* (1); en sorte que chez nous il y a parenté de signification entre JOUISSANCE et RÉJOUISSANCE.

C'est dire à quel point choquent l'étymologie, et com-

(1) En italien la finale *ere* a été conservée : *godere,* jouir. En espagnol, quoique sous la forme *gozar,* se montre aussi la connexité des deux idées dont nous parlons.

bien sont absurdes devant le bon sens, d'aussi grotesques locutions que celles-ci :

« Les commerçants chinois jouissent d'une assez mauvaise réputation. » *Malâ vel mediocri famâ* FRUUNTUR (ou GAUDENT) *sinenses mercatores.*

« Mon frère jouit d'une très-mauvaise santé » *Valetudine penitùs adversâ fruitur* (ou GAUDET) *frater meus.*

VOTRE DAME, *SA* DEMOISELLE.

Cette grossière faute de langue n'a pas encore cessé, malgré les justes risées dont elles est l'objet, et quoiqu'elle soit beaucoup plus absurde que ne l'était l'emploi du mot *conséquent*, — déjà disparu, — lequel appartenait au même style.

Il est permis, sans doute, de ne pas savoir que *dame*, corruption de *dome*, est le féminin de *dam* ou *damp*, lequel s'est dit pour *dom* ou *domp (dominus)*; et que de ce mot *dam*, d'où vient le composé *vidame (vice-dominus)* se sont formés les diminutifs *damoiseau*, *damoiselle*.

Mais sans avoir réfléchi à cela, ni songé à l'altération de *Dom-martin* en *Dam-martin*, — on doit au moins apercevoir que *dame*, qui n'a jamais voulu dire *femme* (et dont l'acception, ainsi que l'étymologie, a toujours indiqué supériorité ou domination), est l'unique terme français qui serve de féminin au mot SEIGNEUR, puisque *seigneuresse* n'existe pas.

Est-il permis d'ignorer que *Notre-Dame* correspond à *Notre-Seigneur?* et que la *dame* de quelqu'un, c'est sa reine et souveraine? — sa supérieure, dans les divers sens, vrais ou fictifs, que la réalité ou la politesse peuvent attacher à ces mots.

On a pour *dame* toute femme dont on est (ou dont on se fait) le serviteur; par conséquent *jamais celle que l'on a épousée*, puisque de celle-là on est au contraire réputé le maître. Les vassaux avaient une *dame* dans leur châtelaine; les domestiques en ont une dans la maîtresse du logis; le poète en a une dans la reine de ses pensées; le paladin, par soumission galante, en avait une dans sa dulcinée; le cavalier, par fiction aussi, en a une dans sa danseuse. En vertu de la même convention polie, et comme les termes d'honneur se prodiguent de plus en plus, tous les hommes sont arrivés, de nos jours, à donner *à la femme d'autrui* le titre de *leur dame*. Cela est rationnel et correct, dans un siècle d'égalité.

Autant donc il serait absurde de jargonner *votre sieur, votre dame, votre demoiselle* (c'est-à-dire *dominus tuus, domina tua, dominicella tua*), — comme si l'on voulait supposer subordonnés et vassaux les gens à qui l'on parle, en leur attribuant des supérieurs, — autant il est juste, pour parler bon français, de dire Monsieur votre mari *(dominus meus, vir tuus)*, Madame votre femme *(domina mea, uxor tua)*, Mademoiselle votre fille *(dominicella mea, filia tua)*. Car le même individu est MARI *(vir)* quant à vous, qui l'avez épousé, et SEIGNEUR (ou *sieur*) quant à moi, qui veux bien lui rendre honneur et déférence. Car la même personne est ou FEMME *(uxor)* quant à vous, qui êtes son mari, ou bien FILLE, quant à vous, qui êtes son père, — tandis qu'elle est DAME *(domina)*, ou DEMOISELLE *(dominicella)*, quant à moi, qui la salue comme une sorte de reine ou de princesse.

Le bon usage, celui dont ne se sont jamais départies les familles où l'on sait vivre, repose donc ici sur la raison même. Les salons, en le consacrant, n'avaient fait qu'obéir aux exigences du plus impérieux sens commun. (1).

A la suite du faux emploi des mots *dame* et *demoiselle*, nous ne pouvons nous dispenser d'indiquer celui d'*épouse* pour *femme*. Car, bien qu'il n'y ait pas, pour prohiber cette fausse élégance, le principal motif qui a fait interdire VOTRE DAME OU SA DEMOISELLE (l'existence d'un contre-sens), — parler ainsi n'en est pas moins ridicule. Une telle locution, en effet, appartient à la même sorte de mauvais langage, et n'est mise en usage que par les mêmes gens.

Epouse, nous en convenons, est à la rigueur le syno-

(1) Il nous eût été facile de multiplier les paradigmes de l'emploi, ou légitime, ou illégitime, des mots qui servent de texte au présent article; mais chacun est maître de faire lui-même ce travail. On sent, par exemple, qu'il est permis de dire à la cuisinière d'une vieille fille : « A quelle heure *votre demoiselle* doit-elle revenir de vêpres? » Ou bien à un cocher : « *Votre dame* ne vous a-t-elle pas commandé d'ateler dès minuit pour aller la reprendre au bal? » — C'est alors de très-bon français.

nyme de femme (dans le sens de femme mariée), puisqu'il est là traduction du *sposa* italien, venu de *sponsa*, mot latin qui, bien qu'il ne signifiât régulièrement que fiancée, fut pris par extension pour *uxor*. Mais, de bonne heure, ÉPOUSE a été banni du dictionnaire courant, et relégué dans un domaine spécial, avec défense d'en sortir.

Il n'y a que trois styles qui correctement l'admettent : celui de l'Eglise, celui du Code, et celui de la Poésie. — Hors de l'emploi rituel, — de l'emploi judiciaire, — ou de l'emploi poétique, — s'en servir, c'est ne pas parler français ; c'est s'exprimer comme un étranger (1).

En France, les rois, les ducs et les gentilshommes, ont toujours dit « *ma femme.* » Ainsi parle encore l'Empereur ; ainsi continuent à parler tous les habitués des salons et des académies.

Il est vrai que l'on peut citer une autorité contraire ; à savoir, celles des savetiers. Les savetiers de Paris ne manquent jamais de dire « mon épouse. »

---

(1) En Belgique, les petits bourgeois s'imaginent devoir dire « *l'épouse* une telle, » pour « la femme une telle ; » ils trouvent QUE C'EST MIEUX. — Cela rappelle le langage de ces premiers visiteurs anglais de 1814, qui, ne voulant pas employer, dans les cafés de Paris, le terme de *garçon*, trop vulgaire suivant eux, disaient, afin de s'exprimer avec plus d'élégance : « *célibataire*, apportez-moi une glace. »

VI.

MAUVAISES LOCUTIONS.

Je *sors* de le faire;
En outre *de* cela.

JE *SORS* DE LE FAIRE.

« Je *sors* de le faire, » pour « je *viens* de le faire. » « je sors d'en prendre, » pour « je viens d'en prendre, » etc.

Un tel emploi du verbe *sortir* est si visiblement prohibé, qu'on nous reprochera peut-être, comme soin trop inutile, d'enregistrer cette détestable locution, qui fait trop évidemment partie du jargon soldatesque.

Si nous la mentionnons, c'est qu'hélas, il n'y a presque plus de faute si grossière qu'il soit superflu de signaler; tant il arrive souvent aujourd'hui, fût-ce à des enfants de bonne famille, de rapporter, jusqu'au milieu du salon maternel, des expressions empruntées au langage des casernes ou à celui des loges de portier (1).

Subissons la triste nécessité que nous impose une dé-

---

(1) Il y a plus : des hommes faits, des hommes que leur âge, que l'époque à laquelle remonte leur éducation, devrait mettre à l'abri des fautes de français au moins grossières, en commettent quelquefois de si lourdes, que l'on ose à peine les citer, tant l'énormité de pareils *lapsus* repousse toute excuse possible.

Est-il croyable, par exemple, qu'un individu bien posé, — plus que cela, — qu'un personnage (c'est le mot propre), —

plorable époque; signalons jusqu'à des balourdises linguistiques dont on est presque honteux d'avoir à s'occuper. « Ce qui abonde ne vicie pas, » dit le Droit. Tant pis pour l'honneur d'un siècle qui a besoin qu'on lui donne des avis tellement élémentaires.

---

voulant dire que « les auteurs de certain amendement projeté, ont reculé quand il s'en est agi tout de bon, » ait dit : « les auteurs de l'amendement ont reculé quand il *en a s'agi* tout de bon ! »

« *Il en a s'agi,* » juste ciel !!! — Eh bien oui, nous avons personnellement, à Paris, entendu cela dans un salon. — Et de la bouche de qui? — De celle *d'un ministre.*

On nous permettra de ne désigner ni l'année ni le portefeuille.

EN OUTRE *DE*.

« En outre *de cela* »; quel style!

La véritable expression française est tout bonnement « *outre cela* ».

Inutile de l'allonger par deux particules, l'une prépositive, l'autre génitive, qui déjà la rendraient languissante quand elles ne la rendraient pas incorrecte.

Non pas qu' « EN OUTRE, » ne soit français; mais c'est une locution adverbiale, laquelle n'admet point de complément. Elle équivaut à *de plus* ou *par dessus le marché*, et ne s'emploie que d'une manière absolue, jamais relative. Exemples :

« Clitandre a eu bien des torts dans l'affaire : il l'a en-
» tamée avec violence et cupidité; *en outre*, il ne s'y est
» pas montré bien franc ».

« Dans la mauvaise locution que vous signalez ici, les
» deux particules mal à propos ajoutées sont rédondantes,
» et, *en outre*, elles la rendent incorrecte. »

Du reste, on peut dire OUTRE QUE (en latin *prœtereà quod*). Ce n'est plus ni une préposition, — comme le mot OUTRE, — ni un adverbe, — comme EN OUTRE; — c'est une conjonction, et l'usage en est licite. Exemple :

« OUTRE QUE la locution dont nous parlons déplaît à l'oreille, elle blesse la grammaire. *Outre qu'elle* est traînante, elle est incorrecte. »

VII.

APPENDICE.

Sur l'usage du mot *deuxième* dans les cas où il est employé pour *second*.

APPENDICE.

DEUXIÈME POUR *SECOND*.

Une discussion s'étant élevée, il y a quelques années, dans les colonnes d'un journal de province, sur le déplorable abus qui se fait à présent du mot « *deuxième,* » il arriva que l'auteur du *Redresseur* fut appelé à intervenir comme arbitre du procès.

Ayant été forcé, pour éclaircir la matière, de réunir et de commenter quelques faits grammaticaux auxquels on a trop coutume de ne point faire attention, il croit devoir reproduire ici ces réflexions, qui ne sont pas sans utilité. Elles formeront l'appendice naturel du présent volume.

On leur laisse la forme épistolaire qu'elles reçurent dans le temps.

DEUXIÈME POUR *SECOND*.

Lettre à MM. les Rédacteurs de l'E. de ****

Vous voulez bien, Messieurs, m'établir rapporteur, et presque juge, des petits débats qui viennent d'avoir lieu, sur le plus ou le moins d'illégitimité d'un certain mot récemment mis à mode.

Pardonnez-moi de ne pas vous en être reconnaissant. Aride comme l'est le travail d'une discussion grammaticale, il constitue une tâche que j'aimerais à décliner. Si je l'accepte, c'est que mon nom se trouve avoir été déjà mêlé dans l'affaire, et que ce hasard ne me permet pour ainsi dire plus de m'abstenir. Mon opinion ayant été présentée comme plus absolue qu'elle ne l'est, je me trouve forcé, de peur d'exagérations et de méprises, de bien expliquer comment, selon moi, doit être entendue la règle de prohibition sur laquelle on est assez bon pour me réputer en droit d'émettre un avis.

I.

Le terme dont il s'agit, c'est le trop fameux *deuxième :* ce Benjamin, cet enfant chéri, de tous les gens qui parlent ou écrivent habituellement mal.

Un de vos plus estimables abonnés vôgiens, dont l'oreille en avait été souvent choquée, a cru devoir dans vos colonnes, signaler au public les progrès que fait par malheur l'emploi de ce déplorable mot, dont la manie gagne des lieux qui devraient, par office ou par point d'honneur, rester exempts d'une telle épidémie.

Au fond, M. G. avait parfaitement le droit pour lui. Mais, emporté par un trop vif amour du vrai, et plein d'un zèle qui ne lui a pas permis de mesurer ses termes, il est allé au delà des bornes exactes; il a négligé de donner à la condamnation, qu'il prononçait, autant de justesse que de justice.

C'est fâcheux; car il a fourni par là aux opposants, lesquels autrement n'auraient eu rien à dire, quelques moyens d'appel contre sa sentence. On a pu soutenir ainsi (même sans sophisme), que l'arrêt porté péchait par le dispositif, et plus encore par les *considérants*.

Par les considérants, d'abord. Comment alléguer (ainsi que le fait M. G.) que l'illégitimité de *deuxième* tienne à un manque d'étymologie? Ce n'est pas là le côté faible du mot, puisque derrière *deuxième* il y a *deux*.

Par le dispositif ensuite, dont la rédaction, tranchante, est un peu trop sans pitié.

Peut-on affirmer d'une manière absolue que DEUXIÈME, dans le cas où il remplace *second*, soit privé de tout droit à la tolérance? — N'outrons rien. — Certes, à proprement parler, il n'est pas FRANÇAIS.., c'est vrai pour les connaisseurs; mais cela n'est vrai que moralement, non point matériellement, — puisqu'enfin, le mot, se trouvant enregistré dans les dictionnaires, possède à la rigueur son passeport (1).

Examinons donc la chose depuis sa source, afin que chacun puisse, par soi-même, vérifier en quoi et pourquoi il convient de s'abstenir d'une expression, réellement mauvaise, qui est incompatible avec les habitudes du langage correct. Rien ne contribue tant à faire cesser les disputes, vous le savez, que les éclaircissements complets.

II.

Si l'on voulait aujourd'hui, prenant chez nous les mots qui désignent les nombres cardinaux, en faire dériver au pied de la lettre les adjectifs ordinaux, il est clair que l'on obtiendrait :

Un...... unième,
Deux.... deuxième,
Trois.... troisième,
Etc.

---

(1) Trévoux, qui représente éminemment la tradition, admet *deuxième* comme possible, puisqu'il l'enregistre sans mot dire; il en cite même un exemple. — Seulement, son article sur *deuxième* est bâclé en trois lignes, tandis que le livre consacre à *second* une colonne entière.

D'ailleurs, dans toute l'étendue du dictionnaire (lequel a six volumes in-folio), *deuxième* n'est jamais mis en usage dans les phrases. On ne s'y sert que de *second*, — et cela, soit que les objets comptés aillent ou non au delà du nombre de deux.

Voir, par exemple, l'article *Satellites*, et mille autres.

Mais ce n'est pas ainsi, Messieurs, que les réalités ont procédé. Leur marche a été tout autre..., et devait l'être.

Le français, en effet, n'a nullement les allures de ces langues qui, plus ou moins primitives, aiment à tirer de leur propre fond tout leur développement. Vrai fils du latin, — dont, malgré ses emprunts aux idiomes celtes ou germaniques, il a gardé le caractère, — c'est dans les tendances latines que l'on trouve l'explication de ses mouvements naturels. Non-seulement il a subi de la langue romaine une sorte de tutelle grammaticale et littéraire, mais il en a reçu, comme héréditairement, comme avec le sang, tous les instincts; et c'est pour lui un titre d'honneur que d'en offrir encore, sous mille rapports, la légitime ressemblance.

Or, comment le latin s'y prenait-il pour exprimer les idées de numération ordinale? — Voilà ce que nous avons à étudier.

III.

En général, sans doute, il empruntait bien un adjectif à la racine de chacun des termes du comput; mais il n'employait ce procédé qu'à partir de *trois,* — où commence la série des nombres pour ainsi dire vulgaires.

Quant aux radicaux UN (*us*), et DU (*o*), ils n'en avaient point formé de dérivés ordinaux : nous ne voyons exister ni *unanus, uninus, unitius*, ni *duanus, dui-*

nus, duitius, ou rien de semblable (1). Attribuant une prééminence exceptionnelle à ce qu'on pourrait en quelque sorte appeler le chef et le sous-chef de l'armée des nombres, il avait fait choix, pour les désigner, de deux locutions spéciales, en manière de titres d'honneur.

L'une, découlée de la particule *præ* (en avant), peignait la supériorité; supériorité soit comparative, entre deux objets seulement; et alors on disait *prior*; — soit superlative, entre plusieurs objets; et alors on disait *primus*.

L'autre, tirée du verbe *sequi* (suivre), indiquait l'acte de séquence, de suite immédiate; en d'autres termes, elle donnait l'idée de l'accessit, ou, pour ainsi parler, la vice-royauté numéraire. C'était *secundus* (2).

Voilà donc aussi comment a dû agir notre langue, en obéissant à ses tendances filiales et régulières. — Eh bien, elle n'y a pas manqué; et dans la bouche de quiconque en a possédé le vrai génie, les seuls termes franche-

(1) Il existe bien un qualificatif dérivé d'*unus* : c'est *unicus*. Mais *unicus*, mot destiné à exprimer simplement une restriction, n'est point un adjectif ordinal; il ne signifie aucunement PREMIER.

(2) Autrefois la finale *undus* n'avait pas toujours un sens passif. *Populabundus* équivaut à *populator*, et *lætabundus* à *lætans*. — *Secundus* avait originairement voulu dire *sequens*, le SUIVANT de quelqu'un; cette qualité convenait au lieutenant de *primus*.

ments acceptés pour rendre la double idée dont il s'agit (pour la rendre isolément, disons-nous, car en *numération composée* c'est différent), — les seuls termes purs, de bon usage et « *comme il faut*, » sont PREMIER et SECOND.

Non pas, Messieurs, qu'en outre on n'ait très-bien inventé (et même dès l'origine) les termes *unième* et *deuxième*. Seulement, ceux-là, — mots de création inférieure et subsidiaire, — n'ont pas été affectés à l'usage direct, principal, isolé. On les a réservés pour servir d'élément partiel, dans les nombres à dénomination complexe.

Ils étaient là, rationnellement, à leur place; car, dans ce dernier cas, la tête de liste se trouvant dépassée, il ne restait plus de véritable supériorité; il n'y avait plus lieu de concevoir cette sorte de royauté ou de vice-royauté numérative... qui est la chose étymologiquement représentée par les mots *primus* et *secundus*. Jamais donc on n'a dit « le VINGT ET PREMIER ROI d'une dynastie, » mais le vingt et *unième*; » jamais « la CINQUANTE-

(1) Par parenthèse, si nous écrivons ici *vingt-et-unième*, au lieu de *vingt-unième*, c'est pour nous conformer à l'usage des grands écrivains de nos temps classiques; usage qui, par parenthèse, reste conservé en Espagne, car on y dit encore *veinte y uno, veinte dos* : absolument comme les Français disaient sous Louis XIV *vingt-et-un*, *vingt-deux*. L'addition de la copulative *et* fait sentir à l'oreille qu'on entre dans une nouvelle série décimale.

SECONDE semaine d'une année » mais « la cinquante-*deuxième;* » tandis qu'en revanche, comprenant à merveille l'existence de la primauté (ou de la sous-primauté) là où il s'agissait des nombres simples qui tenaient la tête de la série, — nos pères n'ont eu garde d'aller dire l'*unième* ou le *deuxième* fils de Noé, au lieu du *premier* et du *second.*

Il y a eu, Messieurs, dans la formation des langues, — des langues correctement parlées, — tout autrement de logique et d'intelligence que ne se le figurent nos tranchants docteurs d'à présent : gens dont l'esprit ne se met à forger des règles imaginaires, que faute d'avoir su apercevoir les règles primitives et réelles.

IV.

La plus bizarre peut-être qui ait jamais été fabriquée, c'est celle dont on a vu de nos jours l'apparition subite, lorsque survint, un beau matin, dans la cervelle des deux auteurs d'une petite grammaire protégée, la fantaisie d'affirmer (d'affirmer comme chose toute simple, dans laquelle on devrait les en croire sur parole), qu'à la place de *second* on pouvait tout aussi bien employer *deuxième.*

Que dis-je, « tout aussi bien! » Que même CELA VALAIT MIEUX, — pourvu que le nombre des objets dépassât deux.

Etrange distinction de circonstances! Distinction non moins gratuite que la maxime elle-même.

Qu'importe, pour légitimer l'erreur introduite, que le chiffre deux soit dépassé ou non? Sur quels dépouillements philologiques, sur quelle liste de faits observés, nos capricieux novateurs s'appuyaient-ils, pour attribuer à cette particularité (au dépassement du nombre deux) la force d'autoriser leur mauvais mot? — voire de le déclarer préférable au bon? — Où pouvaient-ils montrer la moindre trace, — littéraire, effective, pratique, — de la différence de droit rêvée par eux?

Est-ce que, chaque jour de leur vie, ils n'avaient pas uniquement et constamment ouï prononcer, par exemple :

« Prêcher le *second* point d'un sermon,

» Avoir son appartement au *second*,

» Faire sa classe de *seconde*.

» Observer le *second* commandement du Décalogue? »

Or ces messieurs n'ignoraient apparemment pas que les sermons ont trois points;

Que les maisons ont quatre ou cinq étages;

Que les études de collége se composent de sept classes;

Et que les commandements du Décalogue sont au nombre de dix (1).

---

(1) Ce n'est que par manière d'échantillon, et pour mettre les gens sur la voie, que nous citons ces quatre phrases, conformes au bon usage; car on pourrait en multiplier les exemples à l'infini. — Lisez, je suppose, dans le célèbre M. Olier, créateur des Séminaires de France, comment il parle des *Pater*

V.

L'excuse alléguée par le Chapsalisme n'ayant donc ni motifs, ni ombre même de motifs, fût-ce dans les cas pour lesquels il tient à faire prévaloir sa formule, — on cherche en vain à deviner, quelle cause, — quel prétexte, — a pu donner naissance à la balourdise dont nous parlons.

Mais le faux amène le faux. Les gens qui n'avaient pas reculé devant la création d'une loi grammaticale imaginaire, devaient se trouver conduits à l'environner de dispositions accessoires non moins chimériques (1).

---

du chapelet. Dit-il jamais le *deuxième?* A coup sûr non ; toujours le *second;* et cependant il y en a *cinq*. — Et dans les catéchismes, est-ce que personne a vu faire mention du *deuxième* des péchés capitaux, bien qu'il y en ait *sept?* — Et Molière, quand il parle, dans son *Bourgeois gentilhomme,* des *trois* raisons démonstratives, s'en va-t-il ramasser dans les guenilles du ruisseau ce mot de *deuxième?* et ne dit-il pas, en termes exprès, « la première, la *seconde* et la troisième? » — Mais à quoi bon perdre son temps contre des sottises? On n'a que faire d'accumuler des raisons autour de l'évidence.

(1) On a demandé cent fois à Chapsal *où* il avait découvert sa fameuse loi et sa fameuse exception : IL N'A JAMAIS RIEN RÉPONDU. — Mais son monopole le tenait quitte de la nécessité de répondre. Il continuait d'imprimer... et de vendre.

VI.

Du reste, Messieurs, on était loin de croire que des erreurs aussi choquantes fussent destinées à durer quelque temps et à obtenir quelque apparence de crédit. Sifflées, à leur naissance, par la phalange unanime des lecteurs de livres classiques, et des auditeurs de conversations pures et françaises, — par tout ce qu'il y avait d'hommes de cabinet sérieusement lettrés, ou d'habitués des vrais salons, — ces inepties étaient d'abord tombées à plat. On ne supposait pas qu'elles pussent oser se relever; ou du moins il semblait qu'un sourire de pitié suffirait désormais pour en faire justice.

Eh bien, non; l'improbable a eu lieu.

Ces allégations gratuites, qui s'en venaient, sans titre ni prétexte, briser grossièrement la triple chaîne des traditions, de COUR, de VILLE et d'ACADÉMIE, pour y substituer l'un des termes du langage des gens dépourvus de savoir-vivre, — elles avaient, par fortune, trouvé place dans un petit ouvrage élémentaire; ouvrage déjà vulnérable sur bien d'autres points, il est vrai, mais auquel certaines circonstances procurèrent patronage en haut lieu. Car il n'y a qu'heur et malheur; *habent sua fata libelli.*

Or la faveur a tenu lieu du droit; le privilège a dispensé les gens de la nécessité d'avoir raison.

Cantonnée là, sous l'aile d'une camaraderie qui a fait la sourde oreille aux réclamations universelles, cette bonne grosse hérésie grammaticale, bien épaisse et bien lourde, s'est imprimée, réimprimée, vendue; elle se vend encore chaque jour. Et nous assistons au scandale de la voir pieusement enseignée à la jeunesse, — laquelle, à force de l'entendre débiter d'un air grave, finira par la prendre pour vraie.

C'est incroyable; c'est monstrueux; — mais à quel remède recourir? — Les écoliers n'ont pas le temps de remonter aux sources. Ils ne peuvent pas vérifier que la prétendue régle dont il s'agit, non-seulement n'avait jamais été posée par les maîtres de notre langue, — mais qu'établie au rebours de tous nos grands monuments littéraires, — dont elle renverse le témoignage, — elle est l'œuvre exclusive de deux hommes, qui, la tirant, un beau jour de leur simple volonté, en ont bizarrement imposé le joug à trente-cinq millions de Français.

VII.

« Etablie, disons-nous, au rebours de la leçon qui résulte de tous les monuments littéraires. » — Il faut s'arrêter un peu là-dessus, — afin de ne laisser aucun échappatoire aux partisans du faux.

Car on accorderait encore à l'Erreur un *transeat*, un laisser-passer.., si seulement elle demeurait modeste. Mais force nous est bien de la stigmatiser, puisqu'elle se fait despote et pédagogue. — Sans cela, en effet, l'usurpatrice, qui ose interpréter comme adhésion chaque année de silence de la part des gens instruits, se fortifierait sur son trône. Ne la voit-on pas, dès à présent, s'y carrer, — dans l'attitude d'une reine affermie, à qui ne reste d'autre souci que d'étendre le pouvoir dont on l'a, par inattention, si drôlement dotée !

Ne s'en tenant déjà plus aux limites (par elle choisies) de cet empire si récemment fondé, — elle veut le rendre universel. — Elle avait d'abord, sans fondements aucuns, et par une distinction subtile et sophistique, prêché POUR CERTAINS CAS la légitimité du mot *deuxième :* à présent, quel est le cas où les sectaires de la nouvelle doctrine souffrent encore que leur fausse monnaie demeure prohibée ? — La loi par eux forgée (cette chimérique loi, des occurences où le nombre dépasse deux), ILS NE L'OBSERVENT MÊME PLUS ; et l'on commence à les voir, mettant *deuxième* à toutes sauces, l'employer au hasard, ne fût-il en opposition qu'avec *premier.*

Ainsi quand il y a deux lieutenances (graduées l'une pour un premier, l'autre pour un second lieutenant), ils osent écrire « *deuxième* lieutenant. » Que dis-je ? Afin que la façon de parler soit plus horrible et descende jusqu'au baragouin, ils ne craignent pas d'articuler « lieutenant *en deuxième.* »

En deuxième, bon Dieu ! Cela eût fait naguère encore sauter au plafond quiconque savait manier une plume.

A force d'audace, ce jargon s'en est venu frapper à la porte des maîtres de l'enseignement ; et par intervalles il l'entr'ouvre ; il cherche à se glisser jusque dans leur style. En certains endroits on leur a fait tolérer « *deuxième* semestre. » Et pourtant il n'y en a pas trois dans l'année : La mauvaise excuse même, elle manquait.

Oui, « le *deuxième* semestre ; » on a risqué cela dans des affiches, pour le semestre d'été. — Et pourquoi pas, alors, *l'unième,* pour le semestre d'hiver ?

VIII.

Après tout, Messieurs, cela devait être. Une fois qu'on faisait litière des principes et des traditions, il était tout simple qu'en fait d'extravagances on allât jusqu'au bout. La marche naturelle des choses ne pouvait manquer d'amener ces grotesques saturnales.

Les gens à blâmer là-dedans, ce sont bien moins les apôtres du mauvais langage (on pardonne à leur aveuglement, à cause de son excès même), que les hommes éclairés, mais paresseux, qui, placés jadis dans des positions où il leur était aisé d'arrêter sur-le-champ le mal, ne l'ont, à son origine, combattu que par un blâme faible et mou, puis ont fini par lui octroyer condescendance ; — quelquefois, de guerre lasse, par y conniver. — Eh quoi, ne pouvait-on pas sentir, dès le début, que l'amour de l'incorrection, une fois flatté, irait toujours grandissant ? Il y avait lieu d'appliquer aux propagateurs des solécismes et du jargon, comme à toutes les classes d'envahisseurs, comme à tous les genres de Barbares, ces paroles de La Fontaine :

> « Laissez-leur prendre un pied chez vous,
> Ils en auront bientôt pris quatre. »

IX.

Encore quelques réflexions, Messieurs, sur l'histoire de cette expression misérable.

Quoique primitivement introduit au même titre que le mot *unième*, — le mot *deuxième*, il faut en convenir, s'était jadis un peu plus répandu que celui-ci. Dans nos jargons flottants du moyen-âge, on le rencontre quelquefois employé à la façon abusive d'aujourd'hui.

Mais cette vicieuse extension, qu'il recevait par-ci par-là, tomba vite en pleine désuétude, sitôt que notre idiôme se régularisa. Dès l'avénement de nos premiers classiques (Malherbe, Pascal et Corneille) les écarts de *deuxième* sont réprimés; il rentre dans son rôle licite et n'envahit plus le domaine du mot *second*. — Qu'une seule fois il apparaisse encore, mais chez celui de nos bons écrivains qui raffolait des locutions archaïques et provinciales, — cette exception reste unique, et personne ne s'en prévaut. Les progrès du style et du bon goût ne permettent plus au terme impropre de se remontrer (1).

---

(1) C'est dans La Fontaine seul qu'on le découvre une fois : « Le premier passe, ainsi fait le deuxième. » Mais le travers de La Fontaine était, comme on sait, d'aimer de passion les archaïsmes, fût-ce les plus mauvais. Les gens qui croiraient pouvoir s'autoriser en ceci d'une sienne faute isolée, doivent se croire permis aussi de dire, comme lui, *fourmis*, au lieu de *fourmi*, — et *treuve*, au lieu de *trouve*.

A partir surtout de 1660, — époque décisive pour la fixation absolue de la langue française, — personne d'acceptable ne tombe plus dans la faute dont nous parlons (1).

Désormais, et pendant toute la durée du grand siècle, s'il arrive que *deuxième* pour *second*, se glisse encore dans quelques pages de certains volumes, c'est par l'intervention des manipulateurs inférieurs ; nous voulons dire par celle des gens qui, en imprimant nos auteurs, en distribuaient ou annotaient les matières ; mais non point par nos auteurs eux-mêmes, ni dans aucune de leurs phrases courantes (2).

Bien entendu, Messieurs, que ceci ne s'applique point au cas où nos grands écrivains se proposent précisément de produire un effet pédantesque et ridicule.

Ainsi, Boileau, voulant user du vieux style grotesque, — du même style dont se sert Racine dans les *Plaideurs* quand il dit *compendieusement*, pour EN ABRÉGÉ, ou *six-vingt*, pour CENT-VINGT, — Boileau, disons-nous, mettra dans son poëme héroï-comique du *Lutrin*, que Bilaine (le libraire du Palais de Justice) étale ses in-folio « au

---

(1) Le dernier chez qui l'on rencontre la chose, c'est le bon Père Surin, brave homme, fort estimable pour ses doctrines, mais qui n'avait guère vécu qu'au voisinage des contrées d'où Molière fait venir M. de Pourceaugnac.

(2) Voir, pour les preuves de ceci, la grande note A, à la fin du présent volume.

deuxième pilier. » — Qui donc n'aperçoit pas que Despréaux, par cet emprunt du mot *deuxième* (le seul emploi qu'il en ait jamais fait), a cherché formellement à singer le langage *rococo* des procureurs (1)?

XI.

Pendant le cours du dix-huitième siècle, — comme la langue française, malgré le changement des idées, demeure correcte, — un mot si justement banni reste à l'*index*, et pour le découvrir employé sous Louis XV ou sous Louis XVI, il faut se livrer à de véritables investigations. On le déterre, par exemple, dans une couple de passages d'Anquetil-Duperron l'indianiste : voyageur qui n'avait pas dû apprendre de très-bon français dans le commerce de nos boutiquiers créoles de la côte de Coromandel.

La première fois que *deuxième* reparaît avec un peu de fréquence et semble vouloir reprendre ses entrées dans le monde, c'est lors de 93 et 94; c'est en se coiffant du bonnet rouge. Il se réintroduit à l'aide du jargon révolutionnaire. — Au milieu d'autres mots inaccoutumés, — et par exemple avec le fameux *de suite*, — ce numératif se lit assez souvent dans les proclamations ou les rapports des Commissaires de la Terreur.

---

(1) *Deuxième* se raccrocha longtemps aux pans de la robe noire de la Justice; et c'est ainsi, notamment, qu'on pourrait le rencontrer encore jusque dans D'Aguesseau. Il appartenait au même style qui admettait *comparoir* pour *comparaître*.

Néanmoins, pendant longtemps encore, la chose ne *prend* pas. Venue d'en bas, elle reste empreinte de son caractère populacier. Tout son progrès, si elle en fait, reste borné soit aux corps-de-garde (où elle s'impatronise, et par où elle obtient accès dans le langage soldatesque), soit aux maisons de roulage, où elle réussit à se faire admettre dans le numérotage des colis (1).

Les choses en étaient là, et paraissaient ne devoir jamais aller plus loin, — tant quelques rares imitations, échappées à d'honnêtes gens fourvoyés, étaient restées des faits isolés et sans écho (2), — lorsqu'il prit fantaisie à Noël et Chapsal de ramasser, de nettoyer, d'essayer de mettre à la mode, cette marchandise de rebut, qui traînait dans les ruisseaux depuis bientôt deux siècles.

XII.

Libre à chacun, Messieurs, d'en faire usage; car IL EST FRANÇAIS... si l'on veut.

---

(1) L'emploi en était encore si rare au temps de Tilsitt et de Wagram, qu'à cette époque un homme de notre connaissance, alors jeune écolier, ne l'avait jamais entendu prononcer. Il a souvent raconté qu'à l'audition de ce terme insolite, il resta tout surpris, et dirigea des yeux interrogatifs vers une tante qui lui donnait la main. « *Deuxième*, » lui dit en souriant la dame; « ça t'étonne, mon enfant : eh bien, vois-tu, c'est un mot dont les ouvriers se servent quelquefois en numérotant leurs ballots ».

(2) Voir, ci-après, la grande note B.

Il l'est à la rigueur; il l'est pour les gens qui ne sont pas difficiles.

Il l'est, disons-nous, — supposé que l'on puisse sérieusement appeler FRANÇAIS un mot qui, repoussé par l'unanimité des bons auteurs, quoiqu'il leur fût parfaitement connu (1), — n'a été mis en usage,

Ni par Malherbe,
Ni par Pascal,
Ni par Corneille,
Ni par Racine,
Ni par Molière,
Ni par Boileau,
Ni par Bossuet,
Ni par Fénelon,
Ni par La Rochefoucauld,
Ni par La Bruyère,
Ni par Mme de Sévigné,

— « Assez! »

— Ni par Bourdaloue (2),
Ni par Massillon,
Ni par Fléchier,

---

(1) Quoiqu'il leur fût parfaitement connu, disons-nous. Car s'il s'agissait d'un mot technique et récent, inventé pour désigner une chose nouvelle, — alors, quoique les bons écrivains, ne l'ayant pas possédé, n'en eussent point fait usage dans leur temps, il serait très-permis de l'employer.

(2) Voir la note A ci-après.

Ni par Regnard,
Ni par Le Sage,
Ni par Jean-Baptiste,
Ni par Jean-Jacques,

— « Assez ! Assez ! »

Ni par Voltaire (1),
Ni par Montesquieu,
Ni par Gresset,
Ni par Saint-Lambert,
Ni par Marmontel,
Ni par La Harpe,
Ni par Delille,
Ni par Chénier....

— « Assez ! assez ! arrêtez, » nous crie-t-on.

Il est vrai qu'en voilà six fois trop. Certes nous ne péchons que par surabondance de droit. Dès le quart de cette liste, la masse des autorités suffisait pour tuer sous le ridicule, — sous l'excès du ridicule, — les prétentieuses théories de la secte des *deuxièmistes*.

XIII.

Un dernier mot, Messieurs, et tout sera fini.

La sagesse des nations a consacré deux vérités proverbiales. — L'une est ce dicton populaire : « qui se ressemble s'assemble; » et l'autre est cet adage, non moins

(1) Voir la note finale C.

connu : « dis-moi qui tu hantes, et je te dirais qui tu es. »

Eh bien, pour achever de former notre opinion sur le fameux terme qu'on voudrait nous faire accepter, voyons en quelle compagnie on a coutume de le trouver.

En compagnie des locutions les plus incorrectes.

Sans être, en lui-même, précisément une faute, puisque prohibition n'en a pas été faite, et que Trévoux lui accorde tolérance, — il se rencontre toujours au voisinage des expressions prohibées. Il a le malheur d'exciter la sympathie de quiconque les aime; de quiconque a l'habitude de parler mal.

Il entre essentiellement, comme on sait, dans la langue des revendeuses de pommes; il fait partie intégrante du dictionnaire des apprentis tambours.

Il appartient aussi, par excellence, au style de ces faux élégants qui confondent *fortuné* et *riche;* qui disent *malgré que* pour *quoique,* et *conséquent* pour *considérable.*

Non pas (entendons-nous bien) que tout Français qui se sert de *deuxième,* — pauvre expression, mais licite à la rigueur, — soit nécessairement homme à dire : « Je ne te crois pas aussi *fortuné* que Rothschild, *malgré que* tes revenus soient très-*conséquents.* »

Seulement, tous les individus qui parlent de cette dernière façon, — tous absolument, sans aucune exception, — préfèrent *deuxième* à *second.* — *Deuxième* a pour les amateurs de jargon un attrait irrésistible.

Dès lors, le mot est jugé. Les ergoteurs pointilleront

tant qu'ils voudront pour sa défense : — on possède la mesure de sa valeur.

Note A.

Personne encore n'a fait remarquer cette différence, — qui est pourtant capitale, — entre le texte de nos bons auteurs et les annotations dont ils sont devenus l'objet.

Or, c'est faute de l'avoir observée, que l'on a pu être conduit à croire qu'ils s'étaient quelquefois servis de *deuxième*, — tandis qu'ils n'y avaient aucunement songé.

Par exemple, on trouve bien, c'est vrai, dans les annotations intercalées à travers le *Malade imaginaire* : « Argan sonne pour la *deuxième* fois ». Mais ce mot, introduit par le rédacteur de la mise en scène, n'apparaît que dans l'italique placé entre deux parenthèses. Il n'appartient nullement au style de notre grand comique. Molière n'emploie JAMAIS cette expression; il ne la met dans la bouche d'aucun de ses personnages quelconques.

Ainsi encore, dans les nouvelles éditions de Bourdaloue et de Massillon (dans celles surtout qu'on a publiées depuis 1825 ou 1830, époques de la réapparition du désordre grammatical), on a souvent commis cette infidélité, qui est un anachronisme choquant. Ayant à substituer des numérotages en toutes lettres à des numérotages en chiffres, certains imprimeurs, abêtis par le chapsalisme, se sont permis de faire parler rétrospectivement leur jargon à nos grands orateurs. Là où il y avait le chiffre II (c'est-à-dire *second* ou *seconde*), ils ont osé mettre *deuxième*.

Mais, souvent, le niais qui vient de commettre cette sottise, est pris en flagrant délit d'infidélité; car, à chaque instant, les illustres auteurs parviennent encore à protester victorieusement, quoique morts, contre la barbarie dont on les rend victimes et contre l'ineptie qu'on leur prête.

Voyez par exemple Bourdaloue, dès son premier volume (l'Avent). Au milieu de chaque sermon, quand il a mis pour titre « *II partie* », on a le front, c'est vrai, en remplaçant le chiffre, de mettre « *deuxième partie* », comme s'il avait parlé ainsi. Mais lui, dans les lignes précédentes, qu'a-t-il constamment écrit ? — écrit en termes que l'on est bien obligé de copier,

« Ce sera notre *second* point ; »

ou bien,

« Ce va être notre *seconde* partie. »

Jamais, au grand jamais, les phrases de Bourdaloue ne sont gâtées par le mauvais terme chapsalique dont on lui fait subir à tort la responsabilité, et qui, placé par trahison en tête de sa prose si pure, forme avec elle un pitoyable contraste.

Note B.

Après les Conventionnels, le premier homme notable qui ait suivi le mauvais exemple d'employer *deuxième* pour *second*, on ne devinerait jamais qui. C'est un savant qui, pour échapper aux persécutions terroristes, s'était caché deux ans dans des familles d'ouvriers : c'est le célèbre Sylvestre de Sacy, ce patriarche que nous avons tant vénéré et tant aimé. — Mais la chose est moins étonnante qu'elle ne le paraît d'abord. Il faut bien, en effet, que chacun ait son défaut; aucun homme, si remarquable qu'il soit, n'est absolument complet. Or, notre fameux orientaliste, tout versé qu'il était dans les idiômes anciens ou étrangers, voire dans la grammaire générale, — écrivait (c'est chose connue) très-peu correctement la langue française. Ses ouvrages renferment plusieurs solécismes, dont nous n'avons besoin de citer qu'un, parce qu'il est énorme : « *observer* une chose *à* quelqu'un », pour « la lui *faire observer* » (Lettre à M. G. de Tassy, dans le *Nouveau Journal asiatique* de novembre 1820.)

Quand sur une personne on prétend se régler,
C'est par les beaux côtés qu'il lui faut ressembler.

Note C.

Ni par Voltaire. — Voltaire, qui, par l'époque de sa naissance (1694) et de sa mort (1778), plonge à la fois dans le règne de Louis XIV et dans celui de Louis XVI, de manière à représenter quatre-vingts années du mouvement intellectuel français; — Voltaire qui a vécu avec les diverses classes lettrées, nobles ou bourgeoises, — avec le grand monde, le monde académique et le monde des affaires; — Voltaire a laissé soixante volumes, écrits sur tous les sujets et dans tous les styles.

Eh bien, que l'on feuillette à loisir ces soixante volumes; et si l'on y découvre, fût-ce une fois, le terme de *deuxième*, employé pour *second*....., on peut nous l'apporter : — nous le paierons CENT FRANCS.

TABLE.

FIN.

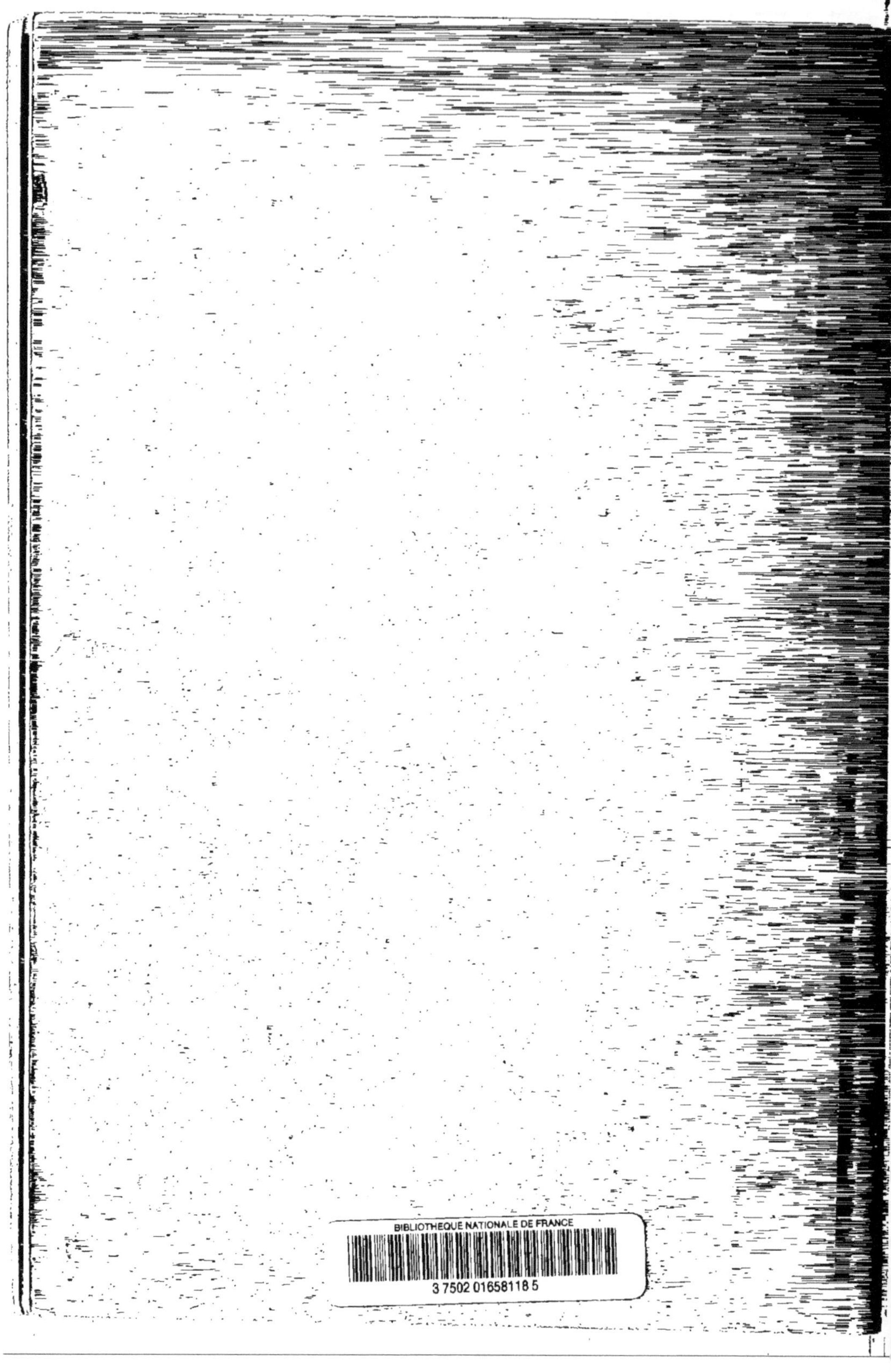
BIBLIOTHEQUE NATIONALE DE FRANCE
3 7502 01658118 5

www.ingramcontent.com/pod-product-compliance
Ingram Content Group UK Ltd.
Pitfield, Milton Keynes, MK11 3LW, UK
UKHW012227240726
13966UKWH00003B/987